高校受験で成功する！

「内申アップ」最強バイブル

観点別評価&評定を上げるポイント62

小澤 淳 監修

はじめに

この本は、高校受験に向けて、日々勉強しているキミたちのために、ぜひ知っておいてほしい「内申アップ」の秘訣《ひけつ》を伝えるためにかいたものだ。

内申書とか、内申点という言葉を聞いたことのない人はいないだろう。でも、では内申書には何がかかれているのか、内申点とは何なのか、内申点を上げる方法はあるのか、知っているという人はどれくらいいるだろうか。

おそらく正確に答えられる人は1人もいないのではないかと思う。なぜなら、基本的に、内申書をキミたちは見ることができない。先生がどのような観点で内申点をつけているかもほとんどの人は知らないはずだ。どのように点数がつくかわからないので、どんな努力をしたらいいかわからないし、仮にわかったとしても、内申書を見られないから、自分の努力がどのように内申点に反映されたか確認しようがないからだ。

本書では、この、秘密のベールに包まれた内申書の謎《なぞ》をできる限り明らかにし、少しでも点数を上げる方法を、キミたちにお届けしたい。「そんなことを言っても、結局、入試はテストの点数で決まるんでしょ」と思っているキミ、実はそうとも言えないのだ。詳《くわ》しくは本書の中で説明するが、近年、内申書のウエートは大変高まっている。そもそも、各教科の５段階評定も、テストの点だけでは決まらないのだ。

「内申書って、先生の気持ち次第で決まるんでしょ？　学校生活を先生の顔色をうかがいながら暮らすのは嫌《いや》」と言うキミ、確かにその通りだ。ただ、先生方は自分の感情で点数をつけているわけではない。ちゃんと、学校で定めた観点に基づいて評価をしているんだ。であれば、「何が評価のポイントになるか」を知っていれば、先生の顔色をうかがわなくても、内申点を上げることは可能なんだ。

本書では、加藤学園暁《ぎょう》秀《しゅう》中学校・高等学校教頭、渡邉《わたなべ》喜徳《よしのり》先生と、同校の各教科の先生たちにもご協力をいただいて、何が評価のポイントになっているのかを明らかにしていく。

そして、ここが私の最も言いたいことなのだが、先生がキミたちのどんなところを評価するかさえわかれば、あと少しの努力で評定３の人は評定４に、評定４の人は評定５にすることは、それほどむずかしくはないんだ。

もちろん、学校ごと、地域ごとに、評価ポイントは異なる。しかし、どの学校の評価基準も、文部科学省が発表している学習指導要領をベースとしているから、基本的な考え方は変わらないはずだ。

内申書だけで人生が変わるわけではないし、基本的な勉強が重要であることに変わりはない。しかし、あと少しの努力で内申点が上がるとしたら？　それによってキミの将来の選択《せんたく》肢《し》が大きく変わるとしたら？

高校入試は長い人生の中の通過点に過ぎない。だいじなのは入学してからだ。しかし、できればなるべく良い位置からスタートしたほうが、キミの将来の選択肢は各段に広がる。ぜひ、いつもの受験勉強に内申アップ作戦も加えてほしい。

なお、本書執筆にあたり衆議院議員で元文部科学大臣の下村博文先生に取材をさせていただき、現代の日本の教育の目指すものを勉強させていただいた。私の塾講師人生の恩師でもある下村先生にこの場を借りて感謝を申し上げたい。

本書がキミの望む未来を切り開いていく一助となればこれほど嬉しいことはない。

小澤　淳

高校受験で成功する！「内申アップ」最強バイブル観点別評価＆評定を上げるポイント62

CONTENTS

※本書に掲載している情報は2024年1月現在のものです。

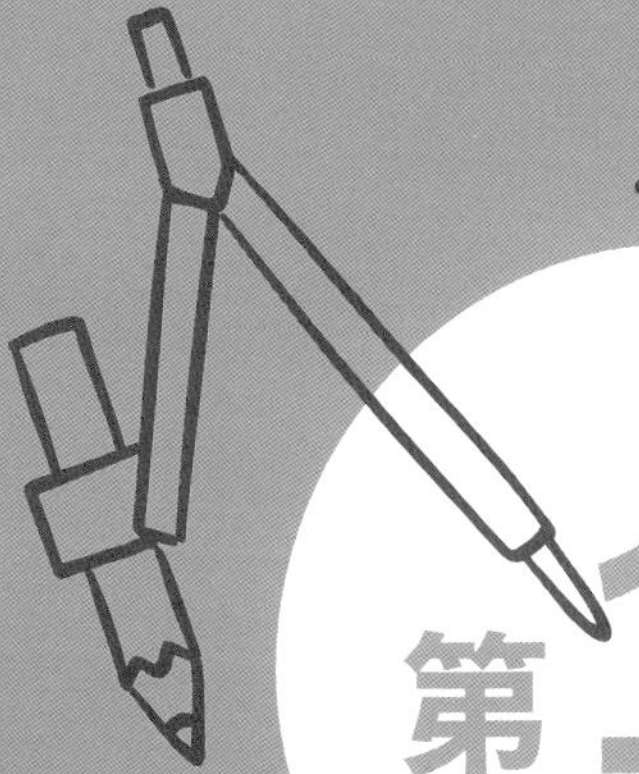

第1章

これだけは知っておきたい内申書の基本

この章では、内申書について知っていそうで知らない基本知識を紹介する。これを読めば、これからの学校生活や学習の方法が変わるかもしれない。いや、変えなければ大変だ！ということがわかるだろう。

01 内申書って何?

中学校の成績が記載《きさい》された書類のことだよ

内申書とは、正式には調査書のこと。でも、キミたちには内申書という言葉のほうがよく知られているし、なじみがあると思うので、本書では「内申書」という言葉を使うよ。

内申書とは、**キミの中学校の成績が記載された書類のこと**。中学校の先生がつくって、キミが高校を受験するときに、**入学願書とともに志望校に提出するものだ。受験の合否にも影響《えいきょう》する重要な書類**なんだよ。通知表は学期末にキミたちに渡《わた》されるけど、内申書は基本的に、中学校から高校に渡されるものなので、原則としてキミたちが中身を見ることはない。そこが通知表との大きなちがいだ。

みんなが内申書と言っているものは、本当は「調査書」のことだよ。

Point

- 正式名称は「調査書」
- 中学校の成績がかかれている
- 中学校から高校に渡されるもの

02

内申書には何がかかれているの？

学習の記録や生活態度、課外活動の内容などだよ

内申書にかかれている内容は、地域や学校によって多少のちがいはあるが、だいたい次のようなこと。

①各教科の学習の記録
②総合的な学習の記録
③特別活動の記録
④行動の記録（性格や態度など）
⑤特別活動の記録（学級活動、生徒会活動、学校行事、部活など）
⑥出欠の記録

内申書には学業成績だけでなく、生活態度や課外活動のとりくみ、それに対する先生の評価もかかれ、**その生徒の人となりを示す重要な資料なんだよ。**

Point

- 各教科の成績や活動の記録がかかれている
- 生活や態度や出欠もかかれている
- 成績だけでなく人間性も示す重要な資料

（調査書）だ！

例 東京都私学の場合

調　査　書

成績一覧表の番号				
学籍の記録	フリガナ		性別	男・女
	氏名		転入学等	年　月 中学校から転・編入学
	生年月日	年　月　日	卒業・卒業見込	年　月　卒業見込・卒業
	現住所			

各教科の学習の記録

教科	国語			社会			数学			理科			音楽			美術			保健体育			技術・家庭			外国語（英語）		
観点	知識・技能	思考・判断・表現	主体的に学習に取り組む態	知識・技能	思考・判断・表現	主体的に学習に取り組む態度	知識・技能	思考・判断・表現	主体的に学習に取り組む態度	知識・技能	思考・判断・表現	主体的に学習に取り組む態度	知識・技能	思考・判断・表現	主体的に学習に取り組む態度	知識・技能	思考・判断・表現	主体的に学習に取り組む態度	知識・技能	思考・判断・表現	主体的に学習に取り組む態度	知識・技能	思考・判断・表現	主体的に学習に取り組む態度	知識・技能	思考・判断・表現	主体的に学習に取り組む態度
評価																											
年評定																											
年評定																											
年評定																											

学習についての所見・観点	

総合的な学習の時間の記録	学年	学習活動・観点・評価
	3年	

出欠の記録	区分	授業日数	出席停止・忌引等の日数	出席すべき日数	欠席日数	出席日数	欠席等の主な理由
	3年						
	2年						
	1年						

健康上の特記事項	

特別活動の記録		
	学級活動	
	生徒会活動	
	部活動	
	学校行事	

総合所見及び指導上参考となる諸事項	

上記記載事項に相違ありません。

一般財団法人東京私立中学高等学校協会　標準様式（令和6年度入試用）

年　月　日

中学校名
所在地
電話
校長名

校長公印　記載者氏名　印

高校の先生から

内申書は都道府県によってフォーマットは異なるけど、かかれている内容はほとんど同じだよ。

これが内申書

例 静岡県の場合

調査書の様式

（A4　縦型）

志望課程	全・定・通	志望学科		受付番号	※1	※2

①ふりがな		性別	生　年　月　日
氏　　名			平成　　年　　月　　日生（満　　歳）
			②組番　　組　　番

③欠席等の状況	学　年	欠席日数	遅刻回数	早退回数	欠　席　等　の　主　な　理　由
	1　年				
	2　年				
	3　年				

学習の記録	教科	国　語	社　会	数　学	理　科	音　楽	美　術	保健体育	技術・家庭	英　語	
	④評　定										
	⑤観点別学習状況										
	⑥総合的な学習の時間										
	⑦特記事項										

⑧特別活動の記録				⑨行動の記録										⑩新体力テストの総合得点
内容	学級活動	生徒会活動	学校行事	項目	基本的な生活習慣	健康・体力の向上	自主・自律	責任感	創意工夫	思いやり・協力	生命尊重・自然愛護	勤労・奉仕	公正・公平	公共心・公徳心
状況				状況										

⑪特記事項	

⑫諸活動の記録	顕　著　な　実　績	活　動　の　内　容

⑬その他	

この記載事項に誤りがないことを証明する。　令和5年　　月　　日

中学校名

記載者氏名　　　　校長氏名　　　　印

03

なぜ内申書はだいじなの？

入試の合否を分ける重要な資料だから！

なぜ内申書はだいじなのだろうか。それはずばり、「入試に直結するから」。「内申書は参考程度」「だいじなのは試験の点数」と思っているかもしれないが、それは大まちがい。入試における内申書のウエートはキミたちが思っている以上に高いんだ。

多くの公立校では、内申点と入試の点数（学力検査）の合計で合否が決まる。たとえば**東京都の場合は、試験の点数と内申点の比率は7：3**。ある県では、5：5。私立でも、内申書が学力検査と同じくらい重視される。推薦《すいせん》の場合は100％内申点で決まる場合もあるんだ。決して内申書は〝参考程度〟ではないことがわかっていただけただろうか。

内申書のウェートはこんなに高い！

	入試の点数		内申点
東京都	7	：	3
ある県	5	：	5

4：6とか6：4とか3：7などさまざまなケースがあるよ。

04

通知表と内申書は何がちがうの？

誰《だれ》に渡《わた》すか、いつの成績がかかれるかがちがうよ

通知表（通知票・通信簿《ぼ》とよばれることもあるが、この本では通知表で統一）は、学期ごとの成績や行動の記録、総合学習の記録、出欠などがかかれた書類のこと。学期終わりに先生から生徒・保護者に渡されるよね。内申書は受験する高校に渡されるもので原則として生徒は中身を見ることができない。

内申書は通知表のように学期ごとの成績ではなく学年ごとの成績、つまり学年の最後（年度末の3月）の通知表の成績が調査書にかかれる。ただし3年生は、年度末の成績では入試に間に合わないので、3学期制なら2学期の期末テスト、2学期制なら後期の中間テストまでの成績がかかれるんだ。

通知表

- 中学校から生徒や保護者に渡される
- 学期ごとの成績が記載される

内申書

- 中学校から受験する高校に渡される
- 学年末の成績がかかれる

05 通知表の中身が変わったって本当？

見せかけのやる気だけでは評価されない

P.26で詳《くわ》しく述べるが、2021年から中学校の学習指導要領が変わり、それに伴《ともな》って各教科の評価方法が変わり、通知表の内容も変わっている。

最も大きな変化は、図①の赤い枠《わく》で囲んだ部分だ。これは、観点別評価というもので、**各教科について、「知識・技能」、「思考・判断・表現」「主体的に学習にとりくむ態度」という3つの観点に着目して、A、B、Cの3段階で評価**をすることになっている。

学習指導要領が新しくなる前の通知表では、この観点別評価は、図②に示すように「知識・理解」「技能」「思考・判断・表現」「関心・意欲・態度」の4つだった。新しいものと比較してみると、言葉がちがうだけでそれほど変わっていないように見えるが、注目してほしいのは、「関心・意欲・態度」という項目《こうもく》がなくなったこと。これは何を意味するのか。

端的《たんてき》に言えば、**〝がんばっただけでは評価されない〟ということだ**。以前は、挙手をたくさんしたり、発言をたくさんしたら評価されることもあった。つまり先生にやる気のある態度をアピールすれば、評価されたのだ。しかしこれからは、見せかけのやる気だけでは評価されない。自分なりに工夫して勉強方法を考えたり、粘《ねば》り強く課題にとりくんだり、しっかりノートをとるなどの行動が重要になってくるのだ。具体的にどうするかはあとで詳しく述べたい。

■新しい通知表（図①）

教科	観点別評価	1学期		2学期		3学期	
		評価	評定	評価	評定	評価	評定
国語	知識・技能	A	5				
	思考・判断・表現	A					
	主体的に学習にとりくむ態度	A					
社会	知識・技能	A	4				
	思考・判断・表現	A					
	主体的に学習にとりくむ態度	B					
数学	知識・技能	A	3				
	思考・判断・表現	B					
	主体的に学習にとりくむ態度	A					

■従来の通知票（図②）

教科	観点別評価	1学期		2学期		3学期	
		評価	評定	評価	評定	評価	評定
国語	知識・理解	A	5				
	技能	A					
	思考・判断・表現	A					
	関心・意欲・態度	A					
社会	知識・理解	A	4				
	技能	A					
	思考・判断・表現	B					
	関心・意欲・態度	A					
数学	知識・理解	A	3				
	技能	B					
	思考・判断・表現	B					
	関心・意欲・態度	B					
	知識・理解	A					

06

内申点って何？

教科を5段階評価で表した点数のこと

内申点とは、内申書に記載《きさい》される、各教科の評定のこと。評定とは、各教科を5段階評価で表した点数のこと。ちなみに、キミたちがふだん使っている「内申点」という言葉は、正しくは「評定」のことだ。しかし、キミたちには、内申点という言葉のほうがなじみがあるだろうから、この本では、内申書にかかれる評定のことを内申点と呼ぶことにする。

内申書には、評定のほかに総合学習、特別活動、出欠などの記録も記載され、高校側はそれらを総合的に見て、合否の判断材料とする。しかし、最も重視するのは、「内申点」だ。特別活動ももちろん重要だが、まずは内申点アップが重要なのだ。

各教科の学習の記録						
教科	国語	社会	数学	理科	音楽	美術
評価						
1年評定	3	4	5	5	3	3
2年評定						
3年評定						

学習についての特記事項		
総合的な学習の時間の記録	学年	学習活動・観点・評価
	3年	

高校の先生から

内申書に記載される各教科の評定を俗に内申点という。

07 内申書にかかれるのはいつの評定？

地域によって、3年だけ、2～3年、1～3年と異なる

通知表には学期ごとの評定がかかれるが、**内申書には、年度末の最後の評定がかかれる。**

よく受験生から聞かれるのが、「内申書に載《の》るのは何年生の成績ですか？」ということ。これは、実は都道府県によって異なる。

たとえば**東京都は、中学3年の成績のみが内申書に記載されるが**、神奈川県は中2と中3、千葉県と埼玉県は中1から中3の評定がすべて記載される。

ちなみに、私が調べたところ、内申書に載せるのは中学3年の成績のみとしているのは、山形、東京、長野、静岡、愛知、福井、三重、兵庫、鳥取、福岡、鹿児島の11都県のみ。そのほかは、中2～中3、中

内申点は中3の成績のみなのは？

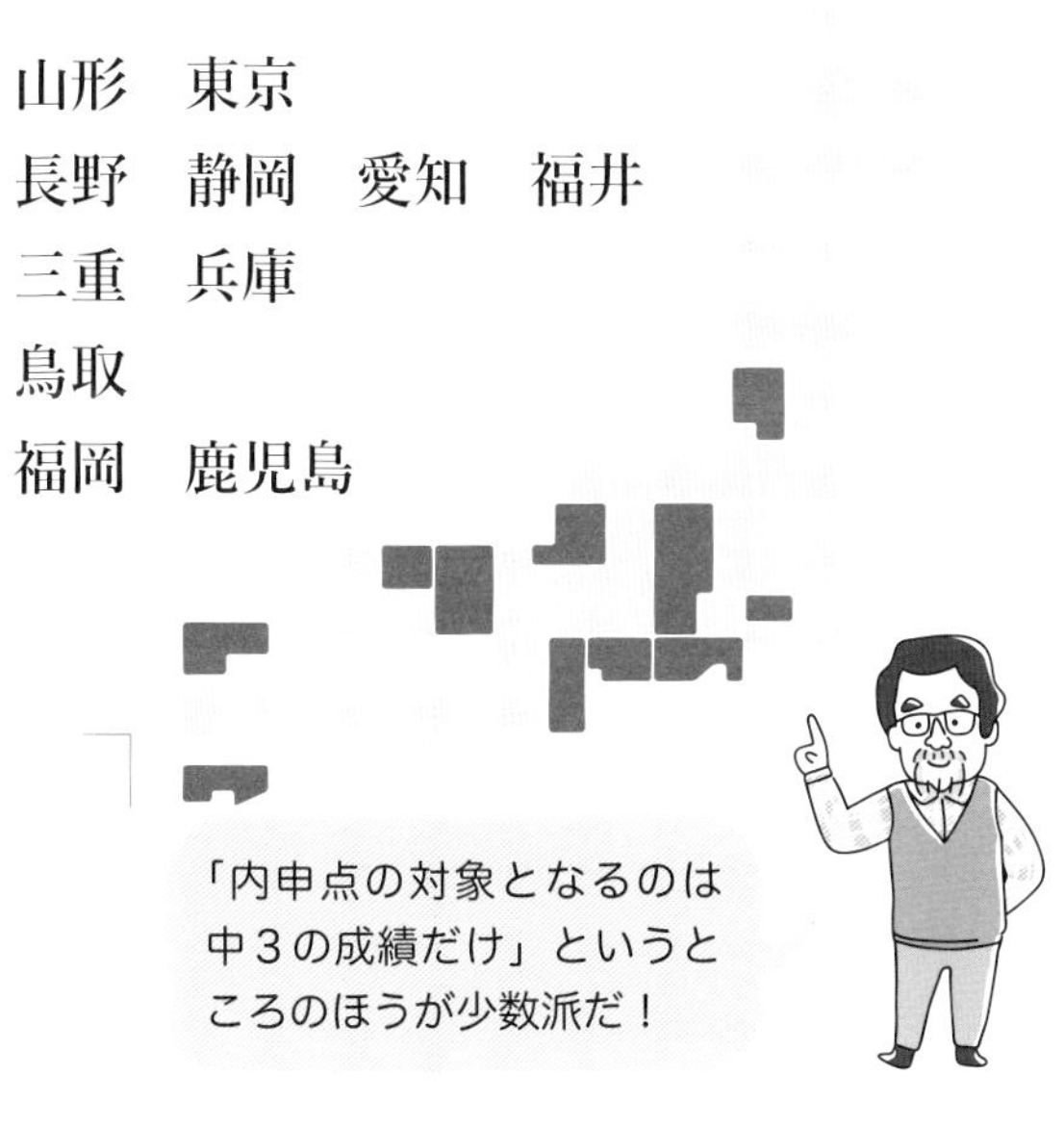

1〜中3までの成績を内申書の対象としている。

もしキミが、中学1年から3年までの成績が内申書に載る地域に住んでいて、中1、中2の成績が思わしくなかったなら、中3でかなりがんばらなければいけないことになる。

内申点の計算方法がまた複雑で、たとえば中1から中3までの内申点を合計する場合、**各学年の比率は1：1：1、1：1：2、1：1：3、1：2：3など、都道府県や高校の学科、コースによって異なる**のだ。たとえば1：1：2としている学校なら、45＋45＋45×2＝180点満点となる。

中2・中3の成績が内申点となる場合も、学年の比率は、1：1、1：2の場合がある。

自分の地域では、いつの評定が内申書にかかれるのか、各学年の比率はどうなっているのか、自治体のホームページで調べたり、塾《じゅく》に聞いたりして早めに確かめておこう。

内申点の算出方法ベスト3

私が独自に調べた結果、「1〜3年の評定の合計」が第1位！

第1位	内申点は1年から3年生までの9教科の評定の合計 5×9教科×3年で135点を満点とする	9県
第2位	内申点は3年生の9教科の評定の合計 5×9科目＝45点を満点とする	7県
第3位	内申点は1年から3年生までの9教科の評定の合計。 ただし、実技4科目の評定は2倍にして計算 {5×5教科＋(5×4教科×2)}×3学年＝195点満点	5県

08

評定はどうやって計算されるの？

単純に5教科の合計とは限らない

評定は、国語・社会・数学・理科・音楽・美術・保健体育・技術家庭・外国語（英語）の9教科を5段階で評価した点数のこと。1教科の最高点は5点なので、普通《ふつう》に考えたら、9×5＝45点が評定の最高点となるはずだ。ところが、そうはなっていない都道府県もある。

たとえば東京都立高校では、主要5教科（国・社・数・理・英）は1科目につき5点だが、実技4教科（音楽・美術・保健体育・技術家庭）は、点数が2倍になる。つまり、オール5の生徒なら、評定の合計は45点になるはずだが、東京都の場合は、（5＋5＋5＋5＋5）＋（5＋5＋5＋5）×2＝65点となる。

東京都に限らず、実技4教科を、主要5教科の評点の2倍にして内申点をつける都道府県はいくつかある。これは要注意ポイントだ。なぜなら、主要5教科をがんばるよりも、実技4教科をがんばったほうが、楽に内申点を上げられるかもしれないからだ。ぜひ早めに、自分の学校はどうなのか、調べておいてほしい。

東京都の場合は、主要5科目と実技4科目の評定の合計を、さらに300点満点で換算《かんさん》し、学力検査やESAT-J※の点数を加算する。その計算式は非常にややこしいことになる（次ページの図①を参照）。

※ESAT-J＝English Speaking Achievement Test for Junior High School Studentsの略。
英語のスピーキングテストのこと。2023年（令和5年）から東京都立高校の入試で使われている。

図①

東京都の総合得点の算出法

（評定オール5、学力検査オール満点の場合）

国語	5
社会	5
数学	5
理科	5
英語	5
計	25

音楽	5
美術	5
保健体育	5
技術・家庭	5
計	20
×2	40

9教科の評定の合計　65点

■300点満点に換算

300×（評定の合計 65※÷65）＝ 300 点

＋

■ESAT-Jの得点を20点満点に換算

20×（実際の点数 100※÷100）＝ 20 点

＋

■学力検査の点数の合計（500点）を700点満点で換算

700×（実際の点数 500※÷500）＝ 700 点

＝

合計 1020 点

（小数点以下は切り捨てる）

上記は満点の場合で計算しています。
※のところには実際の点数が入ります。

栃木県の場合は、中1~中3までが内申点の対象範囲となる。栃木県では東京都とはちがって、主要5教科も実技4教科もどちらも評定は5で計算する。また、学年ごとの評定の比率は1：1：1で計算するので、3年間の評定の合計は、

45×3（学年）＝135点満点

となる。これを500点満点に換算《かんさん》し、国・社・数・理・英の学力検査の点数（各100点×5＝500点満点）と合計。1000点満点で総合得点を算出する。以下の図②に計算式を示した。わかりやすいように評定はオール5、学力検査はオール満点としている。ただし学校や学科によって内申点と学力検査の比率は一律ではなく、1：9~9：1までさまざまだから注意しよう！

東京都と栃木県を例にあげたが、各都道府県で計算方法は異なるので、なるべく早く、自分の地域・学校では、どのように内申点を算出するのかを調べておこう。

図②

栃木県の総合得点の算出法

（評定オール5、学力検査オール満点の場合）

9教科の評定の合計	45点
×3学年	135点
評定を500点満点で換算 500×（実際の点数 135※÷135）	500点

＋

学力検査の点数 国・社・数・理・英　各100点	500点※

＝

合計 1000 点

09

内申点を合格にどう活かせばいいの？

評定を3から4に上げるのが合格の鍵《かぎ》

左ページの表は、令和4年度の東京都の中学3年生の評定を表したものだ。これを見ると、評定3の人が最も多いことがわかる。さらに、評定5、4、3の割合を合計すると、**約84％の人が、評定3以上**ということがわかる。評定1や2はわずか約16％程度しかいない。ということは、「評定3だから、自分はまん中あたりの成績だろう」と安心はできない。なぜなら、評定3は約5割もいるわけだからキミはもしかしたら評定2に近い3かもしれないのだ。

内申点が重要であることは何度も述べてきたよね。**たくさんの評定3の人たちの中から抜《ぬ》きんでるためには、1つでも多くの科目で3を4にすることが重要なポイントだ。**「そんなこと無理」と思うだろうか？　実は3を4にすることは、4を5にすることよりもずっと簡単だ。80点の人が90点を目指すのはむずかしいけど、50点の人が60点を目指すほうが簡単（ケアレスミスをなくすだけで達成できるはず）なことを考えれば理解できるだろう。これまでも述べてきたように、高校入試において、内申点のウエートは高まっている。入試当日のテストの点数を上げることはむずかしくても、日ごろの勉強や活動をがんばって、**内申点を上げておくことで、余裕《よゆう》をもって入試に臨むことができる。**高校入試を有利に進めるためにも内申点をもっと意識してほしい。

東京都の中学生の9教科の評定（令和4年度）

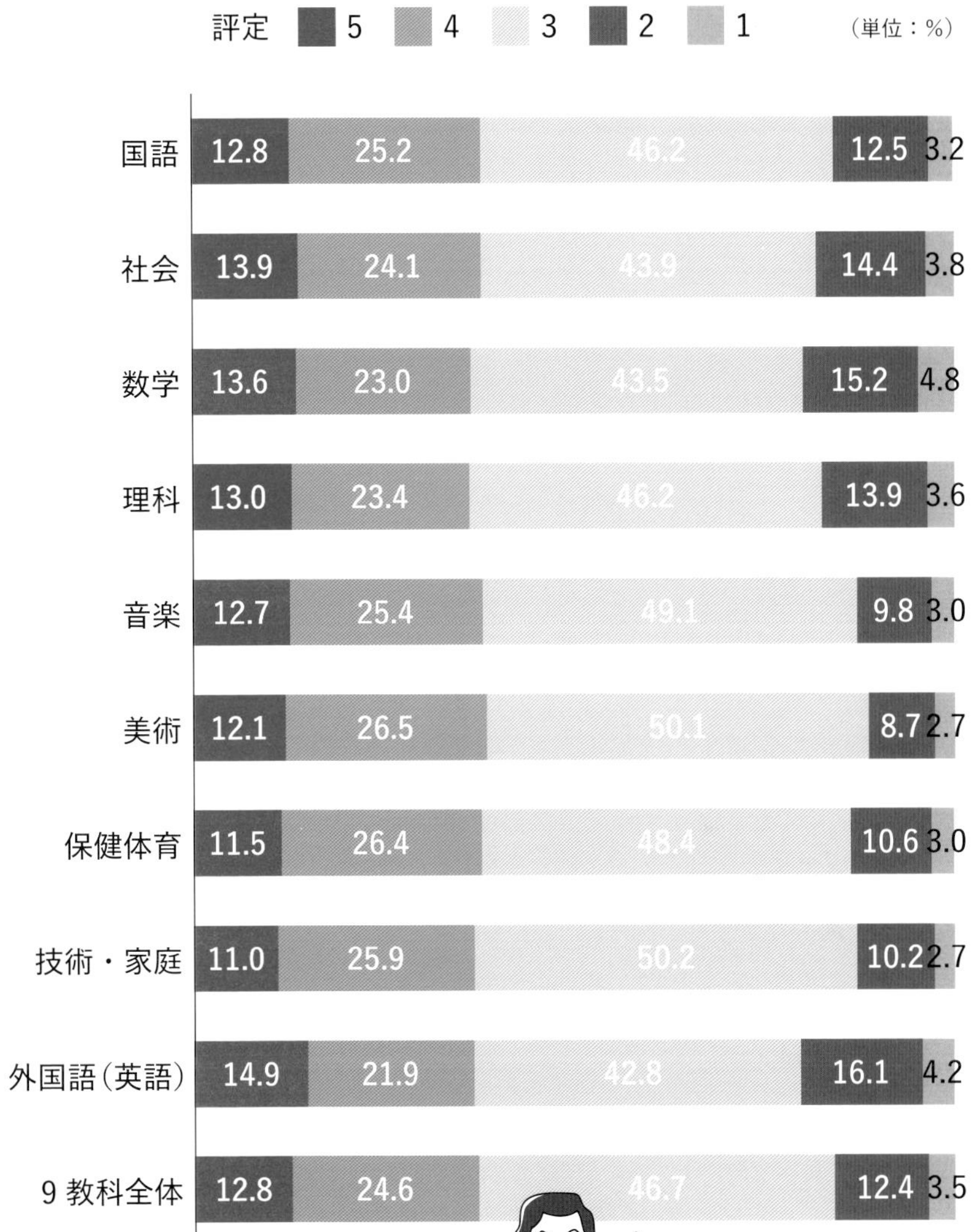

新学習指導要領が求める「生きる力」とは

小学校では 2020 年から、中学校では 2021 年から新しい学習指導要領（文部科学省が、教科ごとの目標や学ぶ内容を定めたもの）が全面実施《じっし》されるようになった。新しい学習指導要領の内容についてここでは詳《くわ》しく述べないけれど、ものすごく簡単に言うと、これからの時代を生きるキミたちに求められる力が、これまでとは大きく変わってきているんだ。キミたちのお父さんやお母さんが子どもの頃《ころ》は、いかに早く正解にたどりつくかが重視されていた。つまり、少しでも高い点数をとることが求められていた。でも、今のように世の中が急激に変化する時代には、自ら課題を見つけ、自ら学び、自ら考え、判断して行動し未来を切り開く力が重視されている。こういう力を「生きる力」と呼び、生きる力を育むための新しい学びが新学習指導要領には示されているんだ。

たとえば、ふだんの授業で、グループで話し合ったり、調べ学習をしたり、プレゼンテーションをしたり、いろいろな活動が行われているよね。それは単に勉強ができるだけでなく、自分で考えたり、友達と協力し合ったり、調べたことを自分なりにまとめて発表したりといった、さまざまな力を育てようとしているからなんだ。

学ぶ内容が変わるから、評価の方法も変わる。通知表では、「知識・技術」「思考・判断・表現」「主体的に学習にとりくむ態度」という観点（この３つの観点については第３章で詳しく述べたい）で評価されるようになり、内申点にもその評価が反映されるようになっている。だから高校受験でも、学力検査の点数だけでなく、ふだんの学習内容や活動内容、生活態度などが重視され、それらの判断材料となる内申書のウエートが高まっているんだ。

第2章

高校入試で内申書のここが見られる!

標準的な調査書（内申書）の項《こう》目ごとに何がかかれるのか、どこが重視されるのかを探ってみよう！

10

最も重要なのは内申点！

内申点を上げるにはできるだけ多くのAをとること

内申書には、いろいろな項目《こうもく》があるが、最もだいじなのは内申点だ。内申点は、年度末の通知表の、各教科の5段階評価の評定と同じものが記入される。

悩《なや》ましいのが、評定はテストの点だけでは決まらないこと。P.16で、「知識・技能」「思考・判断・表現」「主体的に学習にとりくむ態度」という観点別評価の話をしたね。通知表では学習活動が、この3つの観点によってA、B、Cの3段階で評価され、その数によって評定が決まる（左ページ図を参照）。定期テストで100点をとっても、定期テスト以外の課題でBやCが1つでもあれば、5はつかない。評定を上げるにはAをとることがとても重要なのだ。

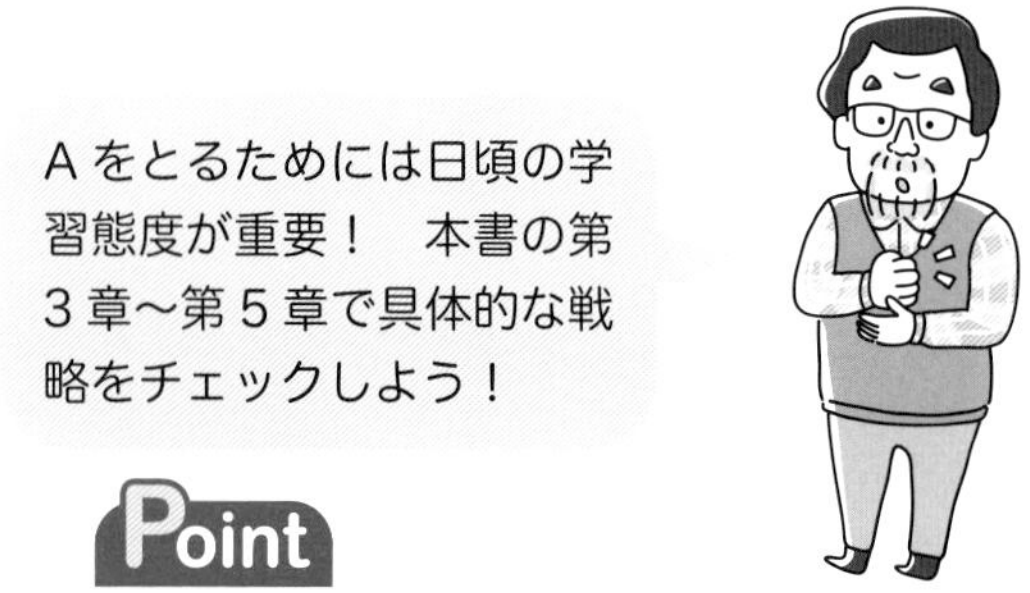

Point

- 内申点＝年度末の通知票の評定
- 評定5をとるためには、観点別評価で全部Aをとる必要がある
- 観点別評価はテストの点数だけでは決まらない

通知表

教科	観点別評価項目	1学期		2学期		3学期	
		評価	評定	評価	評定	評価	評定
国語	知識・技能	A	5				
	思考・判断・表現	A					
	主体的に学習にとりくむ態度	A					
社会	知識・技能	A	4				
	思考・判断・表現	A					
	主体的に学習にとりくむ態度	B					
数学	知識・技能	A	3				
	思考・判断・表現	B					
	主体的に学習にとりくむ態度	B					
理科	知識・技能	B	3				
	思考・判断・表現	B					
	主体的に学習にとりくむ態度	B					
音楽	知識・技能	B	3				
	思考・判断・表現	B					
	主体的に学習にとりくむ態度	B					
美術	知識・技能	A	4				
	思考・判断・表現	A					
	主体的に学習にとりくむ態度	B					
保健体育	知識・技能	A	3				
	思考・判断・表現	B					
	主体的に学習にとりくむ態度	B					
技術家庭	知識・技能	B	3				
	思考・判断・表現	B					
	主体的に学習にとりくむ態度	B					
外国語（英語）	知識・技能	A	4				
	思考・判断・表現	B					
	主体的に学習にとりくむ態度	A					

11

総合的な学習の時間の記録の重要度は？

教科の評定に比べると重要度は低い

左図の**A**は、内申書の学習の記録だ。通知表では学期ごとに評定が記載《きさい》されるが、内申書では1年間の最後の評定が記載される。先ほども述べたようにここが内申書の中で最も重視されるところだ。

Aの下のほうに総合的な学習の時間の記録スペースがあり、学年ごとにどのような活動をしたか、意欲や成果などが記載される。総合的な学習の時間の内容は、**推薦《すいせん》入試の際には、志望動機との関連性や進学先のカリキュラムとの関連性があれば、有利に働くかもしれない**が、スペースの大きさからも想像がつくように、それほど重視されない。なんといっても重要なのは、評定＝内申点なのだ。

高校の先生から

総合的な学習は手を抜《ぬ》いていいわけではないよ。あくまでも、教科の評定ほど重要ではないということだ

Point

- 内申書で最も重視されるのは「学習の記録」
- 「学習の記録」の中でも重要なのはやっぱり評定
- 総合的な学習の影響力はそれほど大きくない

調査書

成績一覧表の番号				
学籍の記録	フリガナ		性別	男 ・ 女
	氏名		転入学等	中学から　編・転入学
	生年月日	年　　月　　日	卒業・卒業見込み	年　　月　卒業・卒業見込み
	現住所			

A

各教科の学習の記録									
教科	国語	社会	数学	理科	音楽	美術	保健体育	技術・家庭	英語
評価									
1年評定									
2年評定									
3年評定									
学習についての特記事項									

総合的な学習の時間の記録	学年	学習活動・観点・評価
	3年	

C

行動の記録										
項目	基本的な生活習慣	健康・体力の向上	自主・自立	責任感	創意工夫	思いやり・協力	生命尊重・自然愛護	勤労奉仕	公正・公平	公共心・公徳心
状況										

B

出欠の記録							
区分	授業日数	出席停止・忌引等の日数	出席すべき日数	欠席日数	出席日数	欠席等の主な理由
3年						
2年						
1年						

E

特記事項	

D

特別活動の記録		
	学級活動	
	生徒会活動	
	部活動	
	学校行事	

E

総合所見	

上記記載事項に相違ありません。

中学校名

年　　月　　日　所在地

電話

校長名　　校長印　記載者氏名　　印

12

欠席が多いと不利になる？

問題は休んだ理由

Bは出欠の記録だ。当然ながら内申書には出欠の記録もかかれる。欠席や遅刻《ちこく》が多いとどうなるのか。高校でも、せっかく入学してくれた生徒がきちんと学校に通ってくれるかどうかは気になるところなので、出欠欄《らん》はしっかり見るポイントだ。

ただ、病欠など正当な欠席理由があれば全く問題ないし、欠席日数が年間10日程度であればそれほど気にすることはない。逆に、皆勤賞《かいきんしょう》だからといって、特別高い評価をされることも残念ながらない。

病気や経済的な理由以外で年間30日以上の欠席は不登校となる。不登校だから入学させない学校ばかりではないと思うが、その判断は高校次第だ。

B 出欠の記録

区分	授業日数	出席停止・忌引等の日数	出席すべき日数	欠席日数	出席日数	欠席等の主な理由
3年						
2年						
1年						

高校の先生から

中学で不登校だった場合でも、高校進学をきっかけに学校に来られるようになる場合もある。不登校だから一概にダメという高校ばかりではないよ。

13 行動の記録ってどうやって評価するの？

基本的な生活習慣や態度が見られている

Ｃは行動の記録だ。基本的な生活習慣、健康・体力の向上、自主・自律、責任感、創意工夫、思いやり・協力、生命尊重・自然愛護、勤労奉仕《ほうし》、公正・公平、公共心・公徳心の10の項目《こうもく》について、すぐれたものに○がつけられる。

一般入試の場合は、**この欄《らん》は参考程度で、合否に影響《えいきょう》することはない**だろう。しかし、推薦《すいせん》入試では、特に私立の場合はこうした人間性に関わる面が重視される場合もある。内申のためでなくても責任感や思いやり、公共心は人として当たり前の心がけだ。当たり前のことをきちんとするだけで評価が上がるなら、これらの項目を日頃《ひごろ》から意識してソンはない。

C 行動の記録

項目	基本的な生活習慣	健康・体力の向上	自主・自立	責任感	創意工夫	思いやり・協力	生命尊重・自然愛護	勤労奉仕	公正・公平	公共心・公徳心
状況										

高校の先生から

合否に影響するというよりは、入学後の指導の資料という意味合いの方が強いよ。

14

特別活動はどの程度評価されるの？

リーダーシップや協調性を示す材料になる

Dは特別活動の記録だ。学級活動、生徒会活動、学校行事、部活動について、どのような活動をしたかが記載《きさい》される。気になるのは「生徒会長や行事の委員長をした人は評価が高いのか」「部活動をしない人は不利か」。何度も述べたように最も重視されるのは内申点だが、これらの活動が全く内申書に影《えい》響《きょう》はないかと言うとそうは言い切れない。

内申書は生徒の人となりを見る資料でもあるので、これらの活動によってリーダーシップや協調性などを見られるのは確か。特に推薦《すいせん》入試の場合は、会長、副会長などの役職経験や、部活動で目覚ましい実績を残した生徒は、個性や能力のアピールになる。

高校の先生から

みんな何らかの活動をしてるので、よほど目覚ましい活動以外は差がつきにくいところだ。

D 特別活動の記録	学級活動	
	生徒会活動	
	部活動	
	学校行事	

特別活動が充実している人は、面接試験のときに、話すネタに困らないというメリットもある。

15 特記事項・総合所見には何がかかれるの？

先生がキミの良い面を見つけてアピールする欄

Eの特記事項や総合所見には、他の欄にかききれなかった、生徒の良い面や人物所見などを先生がかく。たとえばボランティア活動などの学校外の活動や、英検、漢検、数検、歴検などの検定、書道何段といった客観的な資格をかく欄《らん》にもなる。Cの行動の記録ではできたものに○をつけるだけだが、特に良い点があればこの欄に詳《くわ》しくかかれることも。

先生は生徒のためにできるだけ良いことをたくさんかいてくれるはずだが、高校の側からすると、資格などの客観的な評価以外は合否判定の材料にはならない。それよりはむしろ入学後、その生徒の人物像を知るための資料となることのほうが多い。

高校の先生から

合否判定よりは入学後、生徒を知るための資料になるよ。

E	特記事項		
	特別活動の記録	学級活動	
		生徒会活動	
		部活動	
		学校行事	
E	総合所見		

中3からでも内申は飛《ひ》躍《やく》的に伸《の》びる？

「中3になって部活を引退したら本気を出して勉強する。必ず内申は大幅《おおはば》にアップさせる自信があるから大丈夫《だいじょうぶ》！」。そう思っているキミ、果たして現実はどうなのだろうか？

たしかに今は絶対評価だからがんばった子には良い成績をつけてあげるのが人情というもの。学校の先生も最後の内申点は甘《あま》くつけてくれるのではと期待したくなる。実は中3の夏には仮内申と呼ばれる成績が出る。この仮内申はやや厳し目につける学校が多いように感じる。勉強量を最も確保してほしい夏に気をゆるめることのないように先生達も配慮《はいりょ》しているのだろう。では、最終的な内申点は飛躍的に伸びるのか？

私が自分の塾《じゅく》で調べたところ、次のような結果が出た。

1 中2 ➡ 中3の仮内申

65.4%の生徒の内申がダウンした。

2 中3仮内申 ➡ 最終内申

96.2%の生徒の内申がアップした。しかし全生徒の平均は +2.4 となり、それほど大幅なアップではなかった。

中には仮内申よりも +7、+8 など大幅に上がる生徒も毎年いる。私の教え子の最高記録はなんと +11 だ！　しかしそれは稀《まれ》なケースであり、現実的には若干アップする程度なのだ。

この最大の理由はテストの得点だけ上がっても内申点がもらえるとは限らないからだ。第3章で内申点が決められる仕組みを詳《くわ》しく述べる。いきなりがんばり出しても一朝一夕には上げられないのが内申点なのだ。

また、中1・中2でついたキミの印象はよほどの行動変化が見られない限り変えられない。そして中3の定期試験は中1からの全範囲《はんい》から出題される。やはり後回しにせず日々コツコツ努力することが重要なんだ。明日から…と言っている人が変わることはほとんどない。未来を変えたいのなら今日から始めていこう！

第3章
評定を上げるにはどうすればいいの？

内申点のおおもとになるのが通知表の評定だ。評定はさらに、３つの観点ごとのＡ、Ｂ、Ｃの評価で決まる。評定を上げるには、Ａ、Ｂ、Ｃの評価を上げる必要があるのだ！

16 内申点アップの鍵《かぎ》を握る観点別評価とは？

実際の社会でも活かせる力を育て幸せな未来を拓《ひら》く

通知表の評定は内申点に直結する。内申点アップのためには評定を上げれば良いのだが、具体的にはどうしたらいいのだろうか。

まず、観点別評価について理解してほしい。

観点別評価とは、生徒の学習状況《じょうきょう》を、定められた観点別に評価する方法のこと。２０２１年度から導入された、中学校の新しい指導要領に「知識・技能」「思考・判断・表現」「主体的に学習にとりくむ態度」の３つの観点が明記され、具体的には何をどのように評価するのか、教科ごとに記《き》載《さい》されている。

社会に出てからも学校で学んだことを活かせるよう３つの力をバランスよく育むことがだいじなんだ。

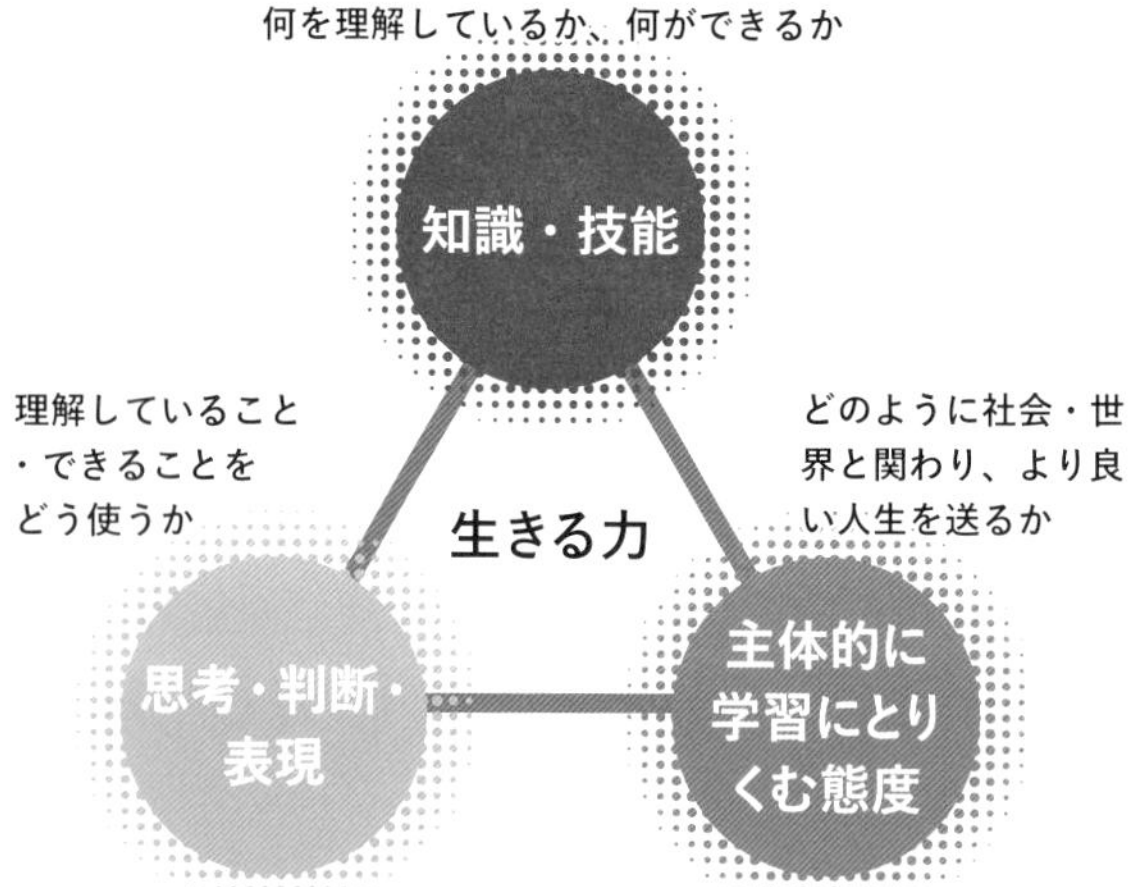

ただできる・知っているだけでなく、知識や技能を使ってどう生きるかが問われるよ。

17

3つの観点はどう評価されるの？

ペーパーテストだけではなくさまざまな面から評価される

「知識・技能」「思考・判断・表現」「主体的に学習にとりくむ態度」は何で評価されるのか。それがわからないと対策しようもないだろう。おおざっぱに整理したものが下図だ。

知識・技能は主に定期テストや単元テスト、小テストの点数で評価されるが、授業中の態度も見られる。思考・判断・表現は、ペーパーテストや態度も見られるが、**提出物のウエートが高くなる。**主体的**に学習にとりくむ態度は、**提出物や授業態度が見ら**れるが、**ペーパーテストの点では評価されない。

評価は、毎回の授業でつくのではなく、単元ごと、課題ごとにつけられる。

観点別評価の資料となるもの
（主要5教科の場合）

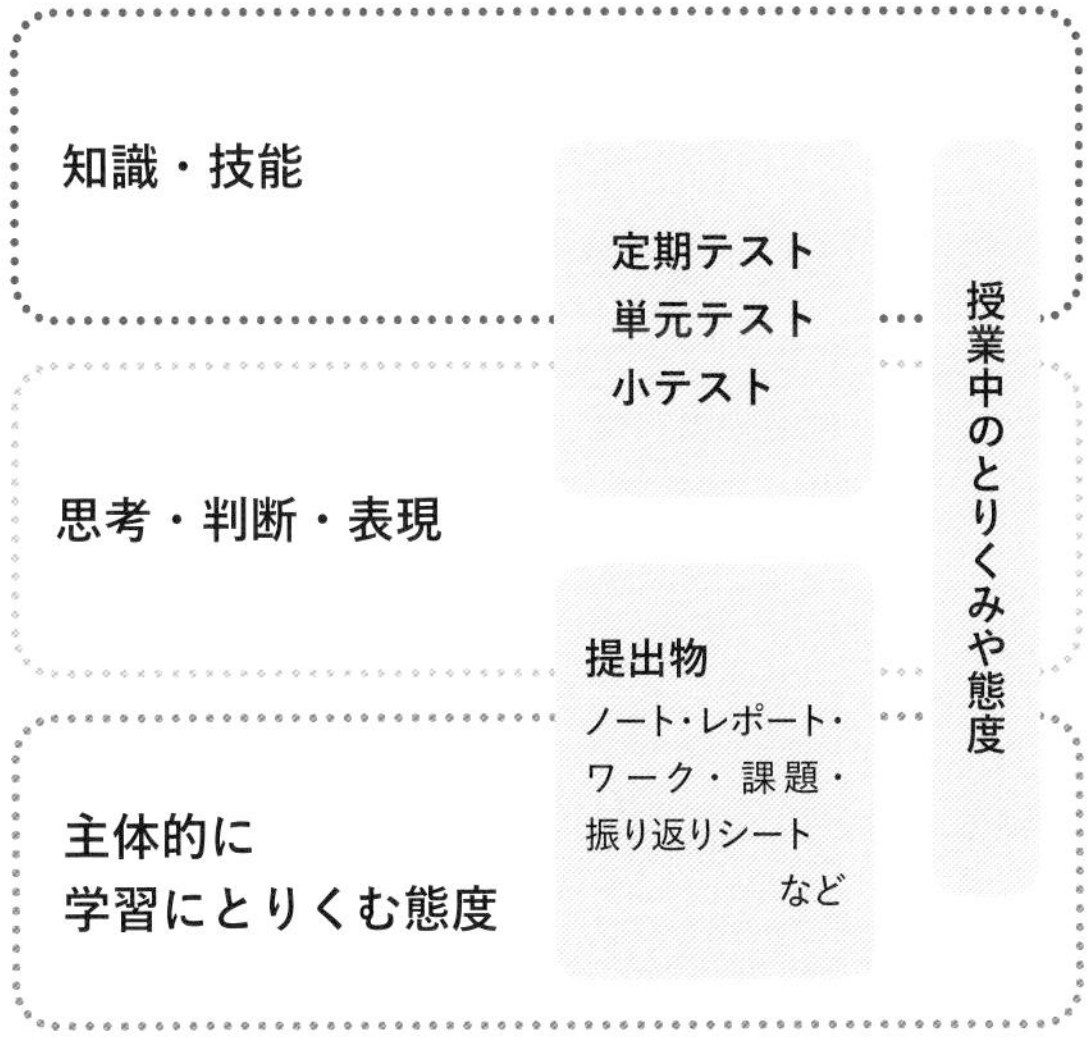

18

「知識・技能」はどう評価されるの？

知識問題が解けるだけではだめ

各教科の知識や技能の習得度を評価する。それに加え、**ただ知識があるだけでなくこれまで習った知識や技能と関連付けたり活用したりして、他の学習や生活の場面でも活用できかるどうかも評価される。**

評価の方法としては、定期テストや単元テスト、小テストがメインになる。テストの問題は、単に知識があれば解ける問題だけでなく、応用力が問われる問題もバランスよくミックスされ、知識問題しか解けなければ評価は低くなる。また、**文章による説明や、観察・実験、式やグラフで表現するなど、さまざまな場面の中で、知識や技能を活用する力が**あるかが見られている。

Point

- 何を理解しているか・何ができるかが問われる
- 主にテストの点数で判断される
- 身につけた知識や技能を使って問題を解くことができたり、人に教えたりできるかも見られる

19

「思考・判断・表現」はどう評価されるの？

レポートや話し合い、発表などの活動を中心に

授業で習って理解したことやできることを他の場面でも活用できる力。問題解決するためのやり方を工夫したり、計画を立てたり、予測しながら実行し、結果を振り返ってまた次につなげるといった力。情報を集めて自分なりの考えをまとめ、表現する力など、**知識や技能をいかに活用するかが評価される。**

ペーパーテストでは、過去に習った知識を活用して解く応用問題などで評価される。そのほか、論述やレポートの作成、発表、グループでの話し合い、作品の制作や表現など、**多様な活動で評価される。**また、それらの活動をまとめたポートフォリオが評価に使われることもある。

課題にていねいにとりくんだり、グループ活動に積極的に参加することもだいじだよ！

Point

- 知識・技能を使って課題を解決する力
- 資料やグラフを読み取って情報を整理する力
- これまで習ったことや資料を整理して自分の言葉で表現する力

20 「主体的に学習にとりくむ態度」はどう評価されるの？

自分の状況に合わせて自分で学び方を考える力があるか

自分の学習の状況《じょうきょう》（何ができて何がわかっていないかなど）を把握《はあく》して、自分で勉強の進め方を試行錯誤《さくご》しながら考え、粘《ねば》り強く学ぼうという意思や姿勢などを評価する。自分の状況を知り、自分で勉強法を考えて計画を立てることがだいじで、やみくもに粘り強くがんばっても評価されないことに注意しよう。

「自ら学ぼうという意思や姿勢」については、ペーパーテストでは判断がむずかしいので、ノートやレポートの記述、それらをきちんと提出しているか、授業中の発言、教師による行動観察、生徒自身による自己評価や相互評価の内容も評価の材料となる。

「主体的に学習にとりくむ態度」の評価軸

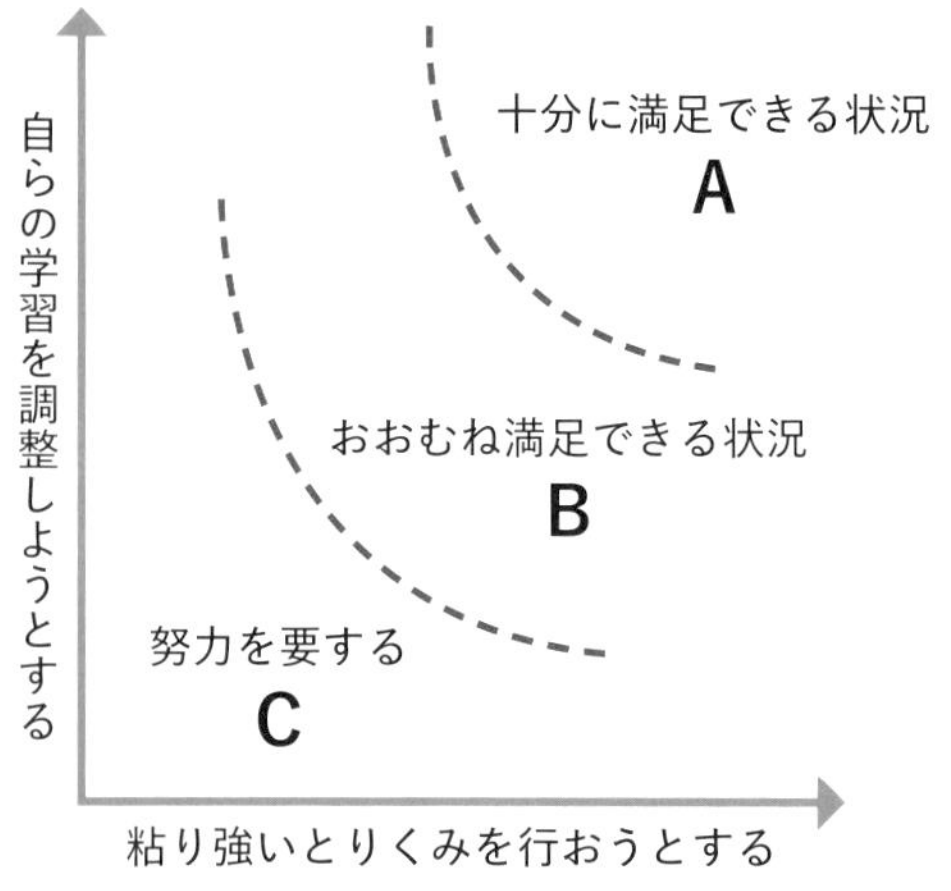

「自らの学習を調整しようとする側面」と「粘り強いとりくみを行おうとする側面」の２軸で評価することが学習指導要領で求められている。

21 A・B・Cの分かれ目とは？

Aを目指すなら、7割以上達成が最低条件

各教科の学習活動は単元や課題ごとに、３つの観点それぞれに、Ａ・Ｂ・Ｃの３段階で評価される。気になるのは、どのくらいできればＡになるのか、Ｂ、Ｃとはどの程度のことか、何が評価の分かれ目になるのかだ。

文部科学省は、「十分満足できる」状況ならＡ、「おおむね満足できる」状況ならＢ、「努力を要する」状況をＣとすると目安を示しているが、さすがにこれでは大雑把《おおざっぱ》すぎるので、県や市や区、学校で基準を定めて良いことになっている。

以下に２例示しているが、どうやら、Ａをとるためには、達成度７割以上は必須《ひっす》のようだ。

評価基準の例

X中学校

A評価	概ね70%台～80%台以上
B評価	A評価とC評価の間全て
C評価	概ね30%台～50%台以下

Y中学校

A評価	70%～100%
B評価	35%以上70%未満
C評価	0以上35%未満

22 観点別評価と評定の関係は？

A・B・C評価を5段階評価に換算《かんさん》する

各教科の学習活動は、3つの観点ごとに、A・B・Cの3段階で評価され、**A・B・Cの評価はさらに、1〜5の5段階評価に換算《かんさん》される。**それが評定だ。

A・B・Cの評価をどのように1〜5の数字に換算するかは県や市や区、あるいは学校ごとに基準を設定することになっている。下図は、ある県の基準である。この基準によると、たとえば、国語で、「知識・技能」の観点はAで、「思考・判断・表現」もA、「主体的に学習にとりくむ態度」はBだった場合も4となる。同様に、A、A、Cの場合は3になる。テストの点は良かったのに、態度が悪かったばっかりに評価が4とか3になるということもあるわけだ。

			A=3, B=2, C=1	評定
A	A	A	9	5
A	A	B	8	4
A	B	B	7	3
A	A	C	7	3
A	B	C	6	3
B	B	B	6	3
B	B	C	5	3
A	C	C	5	3
B	C	C	4	2
C	C	C	3	1

A=3, B=2, C=1とし、数値の合計を算出し、評定を決定する

A、B、Cのことを評価、5段階評価の1〜5のことを評定というよ。

神奈川県の場合は、もっと複雑だ。まず、ABCの評価を、A○、A、B、C○、Cの5段階に分けている。A○＝5、A＝4、B＝3、C○＝2、C＝1として合計した点数を5段階評価に換算している。

■神奈川県の例

	基準	評定
A○	十分満足できると判断されるもののうち、特に程度の高いもの	5
A	十分満足できると判断されるもの	4
B	おおむね満足できると判断されるもの	3
C○	努力を要すると判断されるもの	2
C	一層努力を要すると判断されるもの	1

高校の先生から

なるべく客観的に評価するために細かい基準を設けているんだよ。

■神奈川県の例

			ABCの合計	評定
A○	A○	A○	15	5
A○	A○	A	14	
A○	A○	B	13	
A	A	A	12	4
A○	B	B	11	
A	B	B	10	
B	B	B	9	3
B	B	C○	8	
B	C○	C○	7	
C○	C○	C○	6	2
C○	C○	C	5	
C○	C	C	4	1
C	C	C	3	

23

3つの観点で最も重視すべきものは？

実は「知識・技能」を重視する学校もある

「知識・技能」「思考・判断・表現」「主体的に学習にとりくむ態度」の3つの観点は、それぞれ平等に評価がつけられるのだろうか。それとも、観点ごとに重みがちがうのか。実は、文部科学省は推奨《すいしょう》していないが、重みづけをしている学校も存在する。

たとえば、「知識・技能」「思考・判断・表現」「主体的に学習にとりくむ態度」の点数比率が2：1：1の学校も存在するわけだ。その場合、ABCの点数換算《かんさん》も変わってくる（下図参照）。

テストが苦手な子にとっては平等に評価されたほうが有利だが、テストが得意な子にとっては、「知識・技能」を2倍で計算するほうが有利になる。

①3つの観点を1：1：1で計算する場合

知識技能		思考判断表現		主体的に学習にとりくむ態度		
A		C		C		
3	＋	1	＋	1	＝	5
C		C		A		
1	＋	1	＋	3	＝	5

②3つの観点を2：1：1で計算する場合

A		C		C		
3×2	＋	1	＋	1	＝	8
C		C		A		
1×2	＋	1	＋	3	＝	6

同じA1個、C2個でも合計に差がついてしまう。

②はテスト勉強をがんばった子にとっては有利な計算法だね。

第4章

先生はあなたのココを見ている!

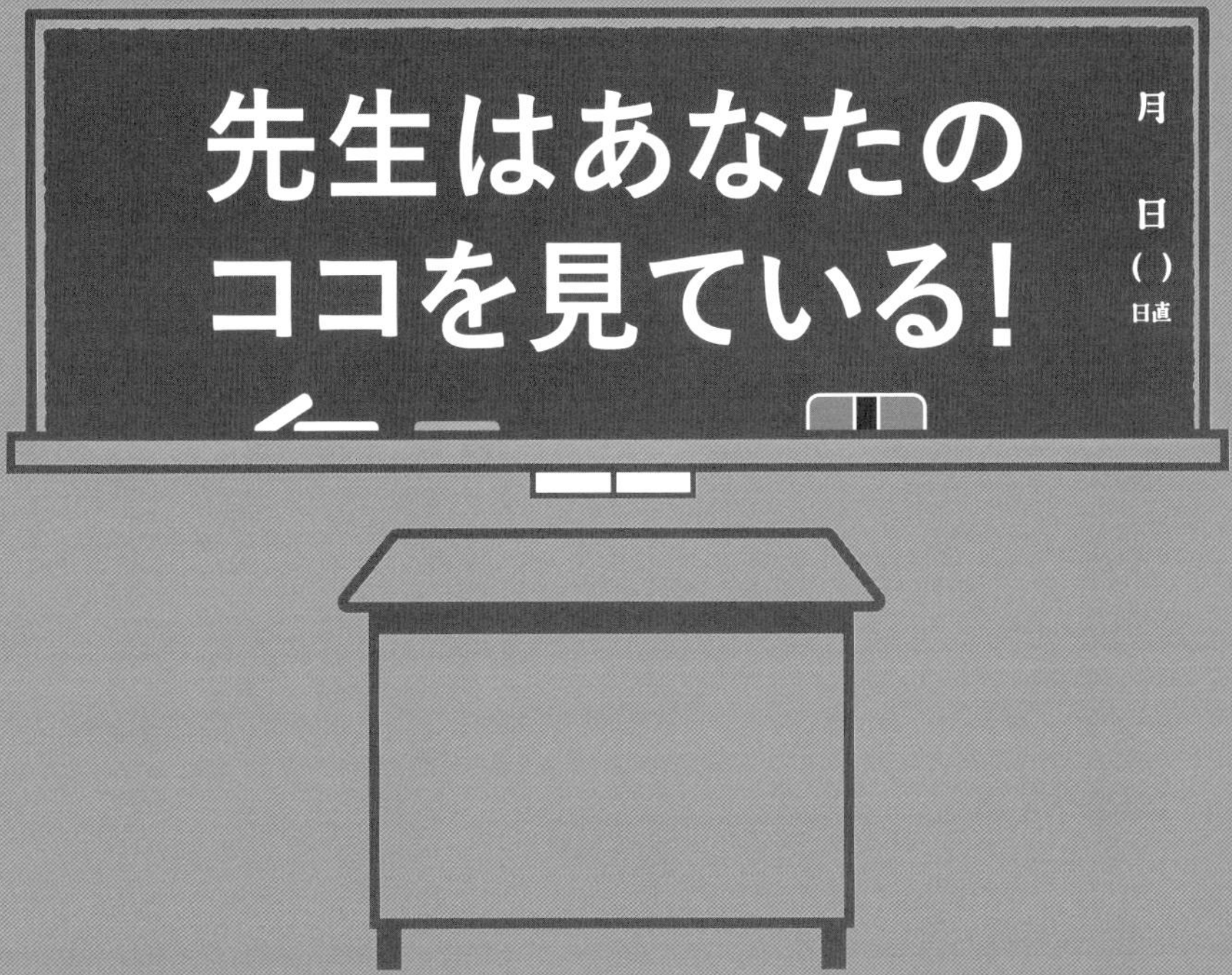

内申点は、テストの点数だけでは決まらない。
ではどんなところが評価されるのだろうか。
先生が見るポイントを知っておこう。

24

【定期テスト】点数だけで評価しない、は本当？

残念ながら、だいじなのはやっぱり点数

評定は定期テストの点数だけでは決まらないと第1章で述べたが、そうはいっても評定の際に一番影《えい》響《きょう》が大きいのは定期テストの点数だ。

特に**「知識・技能」の観点は、定期テストの点数の影響がかなり大きい**。しかも、P.46でも述べたように、地域や学校によって「知識・技能」の観点の評価を他の2つの観点よりも重くしている場合もあるから、しっかり対策をして点数をとることが何よりだいじなんだ。

効率的な勉強法については、第5章で紹介《しょうかい》するのであわせて見てほしい。

定期テストは重要ポイントが集約されている。まちがった問題は解き直して、確実にできるようにしておこう。

Point

- 「知識・技能」の評価は定期テストでほぼ決まる
- 効率よく勉強して少しでも点数を上げよう
- まちがった問題は「まちがいノート」にかき出して、解き直そう

25 【小テスト・単元テスト】それほど重要ではない？

あなどれば致《ち》命《めい》傷《しょう》に！

定期テストの点数さえよければ小テストの点数は評定に関係ないと思ってないだろうか？　それは大きなまちがいだ。**小テストや単元テストも、３つの観点のうちの「知識・技能」を評価する材料になる**し、点をとるためには、意欲的に日々勉強しなければいけないので**「主体的に学習にとりくむ態度」を評価する材料にもなりえる。**内申点アップのためには決してあなどってはいけないのだ。

さらに、小テストや単元テストで学習を振《ふ》り返っておけば、定期テストの前にあわててテスト勉強するよりも効率的に勉強ができる。当然定期テストでも良い点数が期待でき、内申点アップにつながる。

小テストや単元テストでまちがったところはもう一度解いて、定期テスト前にも見直すと完璧だ。

Point

- 小テスト、単元テストも「知識・技能」の評価に影響する
- 小テスト、単元テストにしっかりとりくむことは、定期テスト対策にもなる
- 小テスト、単元テストもがんばることは「主体的に学習にとりくむ態度」の評価にもつながる

26 【提出物】とにかく提出すればいい？

締《し》め切り厳守、出すだけでなく中身も重要

観点別評価の中の「主体的に学習にとりくむ態度」を測るために重要となるのが提出物だ。宿題・課題などの**提出物は、必ず期日までに出そう。**ただ出せばいいというわけではない。**与《あた》えられた課題に対してきちんと調べたり考えたりしているか**、自分の意見や考えがかかれているかが見られている。

数学のワークは、途《と》中《ちゅう》式もかく、まちがった問題はもう一度やり直す、実験や観察レポートでは、必ず考察をかく、など教科ごとに注意する点については第5章で詳《くわ》しく述べている。

字はていねいにかくこと。図解や、色ペンを使ってわかりやすくするなど、見やすさにもこだわろう。

課題にていねいにとりくんだり、ノートをきちんととることは、内申書だけでなく自分のためにもなるよ。

Point

- 提出締め切りは必ず守ろう
- ていねいな字でわかりやすくかこう
- 途中式（数学の場合）や考察（自分の考え）を必ずかこう

27

【授業態度】挙手をたくさんすればいい?

熱心なふりだけではだめ

授業に積極的にとりくむ姿勢を先生は見ている。

挙手をするというのは積極性を示す方法の1つではあるが、ただたくさん手を挙げればいいというものではなく、発言の内容が重要だ。自分の考えをしっかり述べることもだいじだが、**友達の意見をしっかり聞いたり、共感することもだいじ**。また、**友達と協力しようとする姿勢も見られている**。

実験や実技の授業のときに率先して準備や後片づけをしているか、教室移動のときにだらだらして授業に遅《おく》れたりしていないかなど、**地味なことも案外見られている**ので気をつけよう。ようは、当たり前のことをきちんとできるかも重要なのだ。

自分で勉強の仕方を工夫したり、うまくいかなかったときは原因を考えて改善し、再挑戦する姿勢なども見られているよ。

Point

- 自分だけ主張するのではなく、人の意見を聞く姿勢もだいじ
- 準備や片づけを率先してするなど、公共心もだいじ
- 授業に遅れないよう5分前行動で

28

【グループワーク】目立つことがだいじ？

得意なことで貢献《こうけん》しよう！

グループワークだから目立たないと思ってさぼっているキミ、先生は案外ちゃんと見ているものだ。リーダー役が苦手だから、プレゼンが苦手だから不利、と心配することはない。自分のできそうな役割を買って出たり、**自分の得意なことでチームに貢献しようとする態度がだいじだ。**発表が苦手なら文章や図をつくる役割で貢献するなど、なんらかの形でやる気を見せれば、それも先生は見ているはずだ。

自分の意見を押《お》し通そうとするのではなく、周囲の人の意見をちゃんと聞けるか、みんなと協力できるかも評価のポイント。内申点のためだけでなく社会に出ても役立つ力だから意識して身につけよう。

いろいろな人の意見を聞いたり、得意なことを出し合って協力する力は、これから社会でも求められる力だよ。

Point

- さぼっていても先生にはお見通しだよ！
- リーダー役が苦手なら、他の得意なことでグループに貢献しよう
- みんなの意見を聞いて協力する姿勢がだいじ

29

【ノート】きれいにかくことがだいじ？

ただかき写すだけではだめ

日々のノートは、「学びに向かう力」を証明する重要なツールになる。板書をかき写すだけでなく、先生のつぶやきや、自分の思いつき、気づき、考え、疑問、感想などもメモしておくと、学ぶ意欲が表れるだけでなく、あとで復習するときに授業の様子がありありと思い出せるというメリットもある。

定規を使ってきれいにノートをかく必要はない。きれいにかくことに気をとられると、授業を聞くことがおろそかになってしまうからだ。要点さえ押《お》さえておけば、少々汚《きたな》くても問題はない。

ノートの効果的な使い方は、第6章で詳《くわ》しく紹介《しょうかい》しているのでぜひ参考にしてほしい。

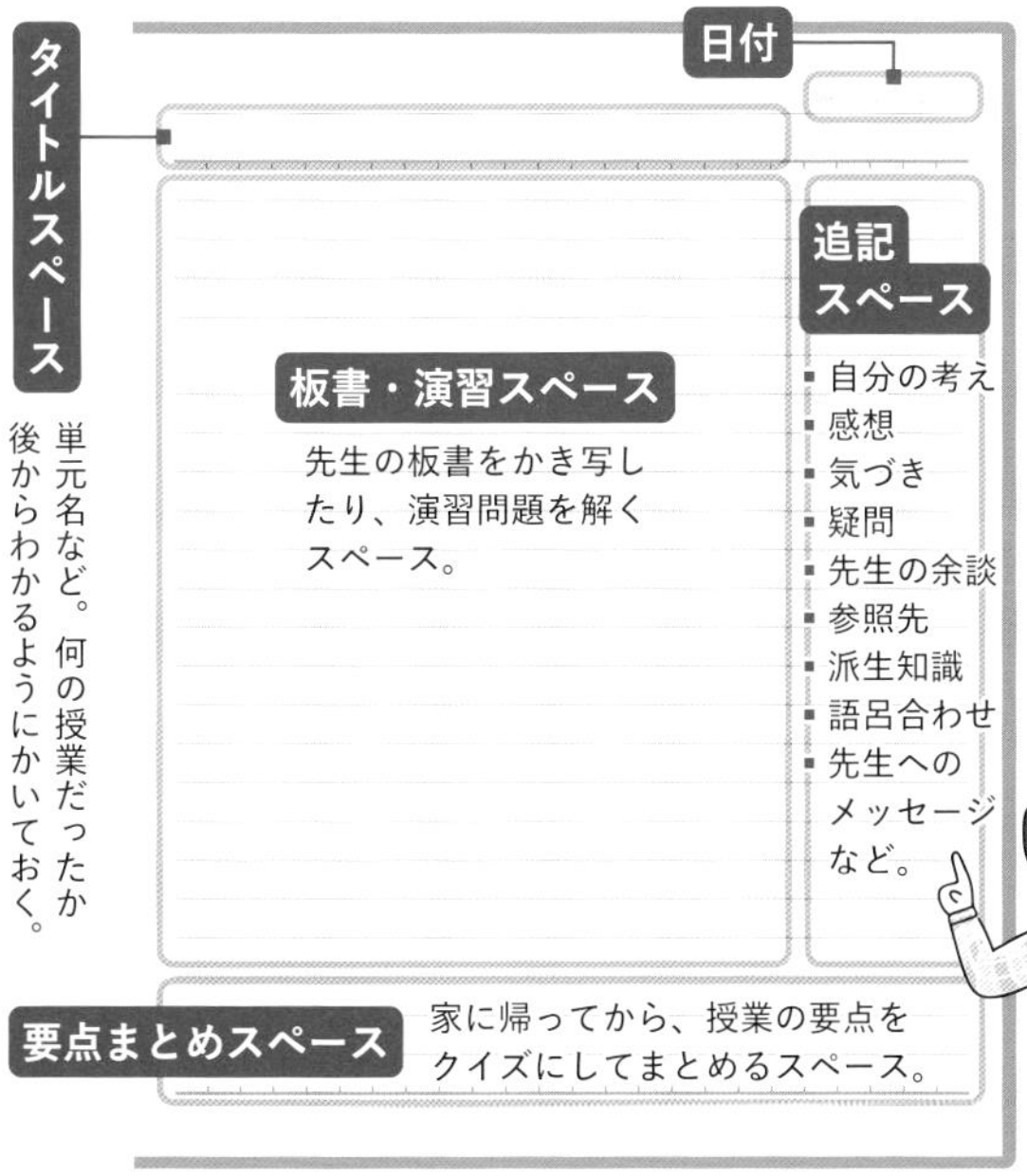

30

【忘れ物】うっかり忘れは許される？

意外にダメージが大きいから要注意

当たり前だけど、忘れ物はしないこと。「主体的に学習にとりくむ態度」がないものと評価されかねない。教科書や副教材、資料、プリント、実技に使う道具、体操着など、**それがないと授業に支障が出るようなものは特に忘れてはいけない。**実技は授業の回数が少ないだけに1回の忘れ物が大きなダメージになってしまう。

よく忘れ物をする人は、①先生に「○○をいつまでに持ってくるように」と言われたらすぐにメモをする、**②寝《ね》る前に明日学校で必要なものがそろっているか確認**する、この2つを習慣にしよう。

大人になってからも役立つ習慣だ。

忘れ物をしない習慣を今からつけておくと大人になってからも困らないよ。

Point

- 忘れ物を甘く見ない
- 必要な持ち物は必ずメモしよう
- 明日必要なものは前日寝る前に確認しよう

まとめ

内申点を上げる10のポイント

❶ 定期テストの点数を上げる

❷ 小テスト・単元テストもしっかり点をとる

❸ 提出物は期日までに提出する

❹ レポートには自分の考えを必ずかく

❺ 授業には積極的に参加する

❻ 友達と協力する

❼ 準備や片づけ、移動など授業時間以外の態度も気をつける

❽ グループワークでは得意なこと、できることで貢献《こうけん》する

❾ ノートは板書だけでなく、先生のつぶやきや自分の意見、まとめもかく

❿ 忘れ物をしない

先《せん》輩《ぱい》たちの声

音楽では、楽器が苦手なのでその分、鑑賞で感想をかくときにできるだけ詳しくかいてカバーした

体育は苦手でしたが、体育委員をやって先生と接する機会を多くして、実技ができないことをカバーしました

美術が苦手でしたが、先生に積極的に質問するなどして仲良くなるよう努力した

数学が苦手だったので数学の係をして先生と仲良くなるようにした

授業中、発表は苦手でしたが、その代わりに友達に積極的に教えて、やる気をアピールしていました

グループワークでは、友達と協力する姿勢を見せた

提出物は、他の人が１ページやっていたら２ページやる、みたいに、人より多くすることを意識していた

実技科目の定期テストは、教科書さえやれば点がとれるので、ちゃんと点をとるようにした

高校の先生から

先生と仲良くしたから評価が上がるということはないけれど、仲良くすることでその教科が好きになり、やる気が上がったり点数が上がったりするということはあるのでは？

課題をしっかりやったり友達に教えたりするのは、内申のためだけでなく、自分の理解を深めるためにも良いと思いますよ。

第5章

教科別 内申アップのための具体的行動

この章では、加藤学園暁秀《ぎょうしゅう》中学校・高等学校の渡邉《わたなべ》喜徳《よしのり》先生にご登場いただき、先生が評定をつけるときに何を見てどう評価するかを紹介《しょうかい》する。「知識・技能」の評価は、テストの点数でほぼ決まってしまうから、それ以外の「思考・判断・表現」、「主体的に学習にとりくむ態度」の観点を中心に見てみよう。

31 【国語①】記述問題で評価を上げるコツ

単なる感想ではなく、自分の考えをかけるかどうか

定期テストに「自分の考えを述べよ」といった記述式の問題が出てくることがある。これはキミの「思考・判断・表現」力を見ようとしているのだ。良い評価をもらうためにはどう答えたらいいだろうか。

ポイントは、**「○○だと思った」と、自分の感想だけで終わりにしないことだ。**必ず、「なぜそう思ったか」と根拠《こんきょ》をかこう。文章をかく際には、たとえば以下に示すように、序論→本論→結論のような構成を頭に入れてかくとまとまりやすい。あるいは、結論→理由→具体例→結論でまとめてもいい。

あまりむずかしく考えず、「なぜ?」を意識してかくことが大切だよ。

高校の先生から

文章は型に沿ってかくとまとまりやすく、また読みやすい文章になるよ。

Point

- 序論：テーマの説明。どうしてそのテーマを選んだのか
- 本論：要点。事例(データ)や、根拠(資料)などを活用し、自分の伝えたいことを導く
- 結論：まとめ。テーマを振り返り全体をまとめる

記述問題の作例

【問】 地球温暖化の対策について、あなたの考えをかきなさい。

【解答例】

序論

地球温暖化は世界的に大変大きな問題です。温暖化の原因の1つは、石油の燃焼による二酸化炭素の放出量が増加していることが挙げられます。我々の活動には大量の石油が必要になります。そこで、カーボンニュートラルについて私の考えをかきます。

本論

カーボンニュートラルは、温室効果ガスの排出を全体としてゼロにしようとする考え方で、単に排出をなくす意味ではありません。我々の生活を送るうえで、温室効果ガスを排出せざるを得ない場面があります。例えば公共交通機関を動かすための電気や石油の利用です。一方で、風力や太陽光などを利用した再生可能エネルギーで発電した電力を利用することで、温室効果ガスの排出を抑えることができます。さらに、植林活動で森林を増やし、樹木が二酸化炭素を吸収する量を増加させるとりくみなどがあります。このように、排出せざるを得ない温室効果ガスを減らしながら、温室効果ガスそのものを吸収する仕組みをつくり、全体として排出量をなくしていこうとする考え方です。このとりくみは、現代社会において、生活や社会活動を維持しながら、環境負荷をなくす点で、大変有効な方法であると考えることができます。

結論

我々の暮らしを大きく変化させることはむずかしいかもしれませんが、このカーボンニュートラルの考え方は、私たち中学生でも自らとりくむことができ、その1つひとつを合わせていくと社会の大きな力となる可能性があるため、地球温暖化の対策として大変有効であると考えます。

高校の先生から

序論 ➡ 本論 ➡ 結論 でわかりやすく構成し、自分の考えをきちんと伝えることができているね。

32 【国語②】プレゼンテーションの評価を上げるコツ

自分の体験や意見を盛り込む。正しい言葉づかいもだいじ

調べたことをまとめて発表する場合、自分の考察があるかないかが評価の分かれ目。考察とは、調べたことをもとに自分なりに考えて論理的に意見を述べること。プレゼンテーションがわかりやすく構成されているかも評価の対象になる。構成は、作文のときと同様、序文→本論→結論か、結論→理由→具体例→結論の型に当てはめて考えるといいだろう。

プレゼンテーションのテーマを選んだ動機や、調べた結果をどう分析《ぶんせき》しどう考えたか（考察）に、自分独自の体験や意見を盛り込むと思考力や表現力のアピールになる。また、プレゼンをするときの表情や目線、身ぶりなども評価の対象になることがある。

高校の先生から

プレゼンテーションは、評価につながるポイントがたくさんあるから自分の得意なことでがんばってみよう！

- 調べたことをまとめるだけでなく、考察（結果をもとに考えたことや意見）も必ず入れる
- 話の内容をわかりやすく組み立てる（構成力）
- 発表のときは目線を聞き手のほうに向け身ぶり手ぶりも交えて堂々を話す

プレゼンテーションの評価のポイント

- テーマに沿った内容か
- 構成（序論→本論→結論）はしっかりしているか
- 自分の独自の考えがあるか
- 自分の考えがまとまっているか
- 聞き手に対して話し方が適切か
- 声の大きさは十分か
- 話しているときの目線・身ぶりなどは適切か

高校の先生から

内容だけでなく、話し方もだいじ。ぼそぼそ話すよりははきはき話したほうが良い評価につながるよ。

評価の分かれ目は

A：テーマに合った解答ができる＋自分なりに考えている

B：テーマに合った解答ができる（自分なりの考えがない）

C：テーマに合った解答ができていない

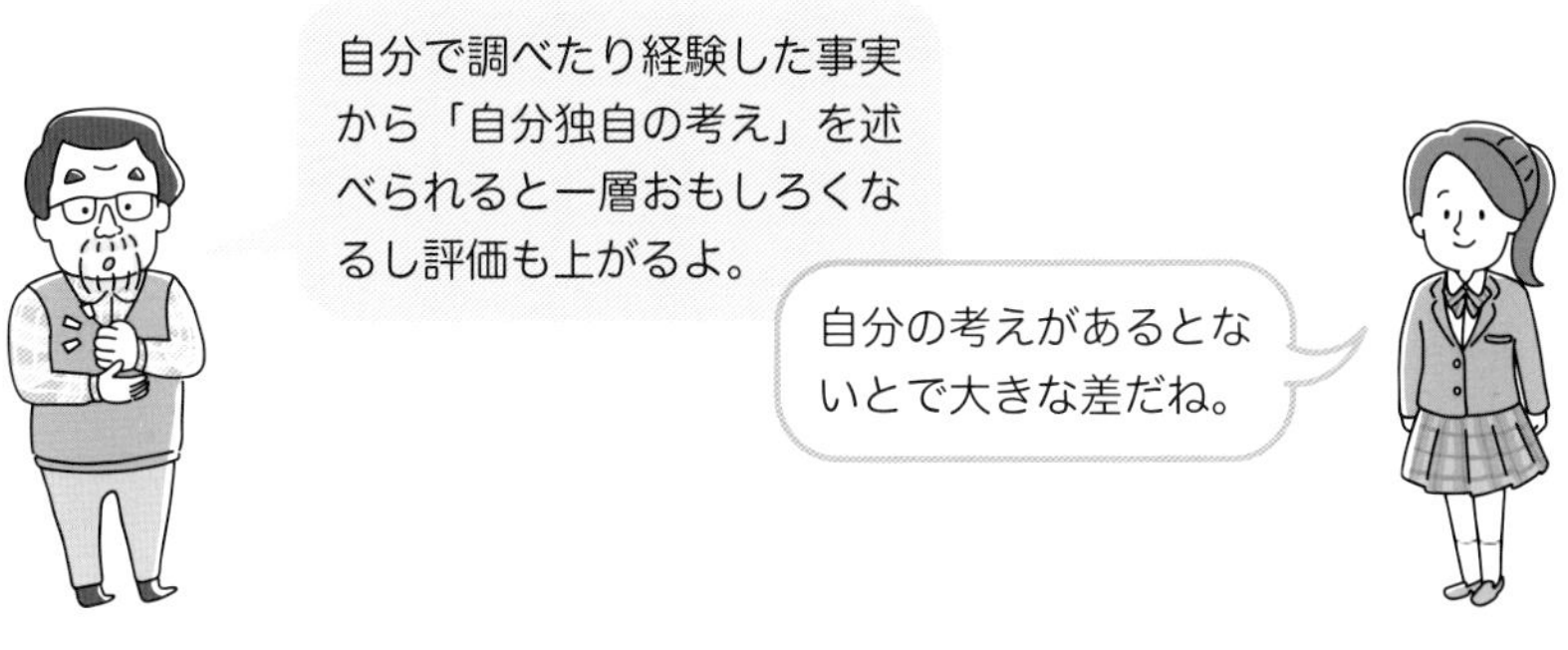

33

【国語③】「主体的に学習にとりくむ態度」の評価を上げるコツ

過去の自分よりも伸《の》びているかがだいじ

「主体的に学習にとりくむ態度」の観点は、グループディスカッションやグループワークに積極的にとりくんでいるか、課題などの提出物にどれだけ意欲的にとりくんだかなどが見られている。

提出物は必ず期日までに提出すること。未提出では評価はCになる。**課題はただ言われたことをやるだけなのか、自分なりの工夫を加えてとりくむかがAとBの分かれ目になる。**課題ができなかった場合でも、その後できなかったことと向き合い、自分なりに何が問題だったのか考え問題を克服するために努力したか、その努力が成果につながっているかで評価が上がる可能性はある。

高校の先生から

「主体的に学習にとりくむ態度」の観点で見た場合の評価基準の例だよ。努力をしても成果につながらなければＡをとるのはむずかしいことがわかる。つまり、やる気アピールだけではだめなのだ。

【評価基準の例】

A：自分の課題を捉え克服する努力をし、その成果につながっている

B：自分の課題を知り努力をしている

C：適切なとりくみが見られない

34 【国語④】原稿用紙の使い方や文字のきれいさは重要か

自分の手を動かしてかくこともだいじにしよう

原稿用紙の使い方は評価の対象になる。文章内容が良くても字がきれいでも、かき方が正しくないと減点になることもあるから気をつけよう。

文字が上手か下手かで評価が分かれることは少ないが、ていねいか雑かで評価が分かれることはある。文字が汚《きたな》くて読めなければ減点になる。解答欄《らん》にますや枠《わく》がある場合はその枠内にかこう。

テストで「漢字の問題」が出たときは、「とめ・はね・はらい」を意識してかこう。日々の漢字練習で意識するクセをつけるといいよ。

授業でもキーボード入力が一般的《いっぱんてき》になりつつあるが、自分の手でかく力はだいじにしたいものだ。

原稿用紙の基本的な使い方

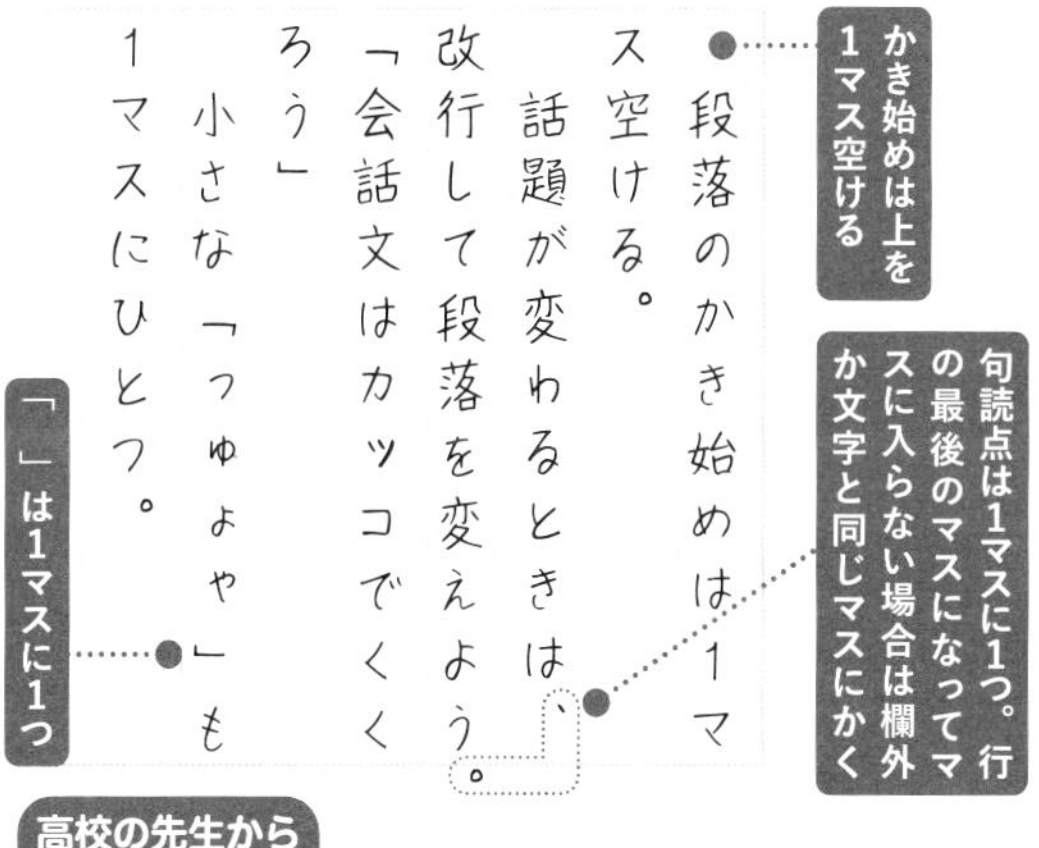

高校の先生から

カギカッコ（「　」）は会話や言葉を引用するときに使う。二重カギカッコ(『　』)は本の名前などをかくときに使うよ。

35

【数学①】答えが合っているだけではダメ

途《と》中《ちゅう》式で、なぜそうなるかを理解していることを示す

キミは数学について「答えが合っていればいい」、「答えが出ればどんなかき方でもいい」と思っていないだろうか。だとしたらその考えは改めたほうがいい。新学習指導要領においては、単に正解するだけでなく、「なぜそうなるか」を理解しているかが問われる。ちゃんと理解していることを示すためには、キミがどう考えて解いたかが先生や採点者に伝わるようにかく必要がある。伝わらなければ評価につながらないからだ。具体的には、まず途中経過（途中式）をきちんとかくことだ。途中式はキミが「あてずっぽうではなく、解き方を理解して自分で考えて解きました」という証明になるのだ。

高校の先生から

数学が得意な人ほど、途中式を飛ばして暗算してしまう傾向がある。でも、これではまちがったときもどこでまちがったかがわかりにくく、まちがいのクセも見つけにくいんだ。

- 答えが正しいだけでは不十分
- ちゃんと理解しているかも評価される
- 途中経過をかいて、ちゃんと考えて解いたことをアピールしよう

どうして途中式がだいじなの？

たとえば、中学１年生で学習する１次方程式を例にとろう。

$$2x-3=5$$

はどう答えるのが正しいのだろうか。

答えさえ合っていればいいのなら、

$$\begin{aligned} 2x-3&=5 \\ x&=4 \end{aligned}$$

で十分だ。しかし、この式だけでは、「なぜそうなるか」を理解して解いているのかが採点者は判断できない。なぜなら、あてずっぽうに、x に１から順に２、３、４を当てはめていっても $x=4$ は導けるからだ。

「私は方程式の解き方を理解していますよ」ということを採点者に伝えるためには、以下の例にように、「このように考えて解きました」と過程がわかるように途中式をかく必要がある。

$$\begin{aligned} 2x-3&=5 \\ 2x-3+3&=5+3 \\ 2x&=8 \\ 2x\div 2&=8\div 2 \\ x&=4 \end{aligned}$$

（この例は基本問題なので、本来は基本問題でここまで細かく途中式をかく必要はない。あくまでも例として見てほしい）

ここまでかけば採点者も、「あてずっぽうではなく、方程式の解法を理解したうえで答えを導いたのだな」とわかる。結果的に数学的な思考力があるという評価につながるのだ。

36 【数学②】まちがいを次に生かすノートの活用法

まちがったところだけ直すのではなく最初から解き直す

授業ノートには、先生が板書した内容はもちろんだが、先生のつぶやきやヒント、先生の話を聞いたときにわかったことや疑問点など、自分なりの「気づき」も積極的にかき込《こ》もう（具体的なノートの使い方はP．108を参照）。

また、ノートが「正解集」である必要はない。むしろ、**まちがった問題は消しゴムで消さずに×をかき、別のところにもう一度解き直すのが基本だ。**

まちがった問題にはどこがなぜまちがえてしまったかをかき込んでおこう。付せんにかいて貼《は》ってもいい。こうしたことが「主体的な学習」の評価につながるのはもちろんだが、キミ自身の力にもなる。

高校の先生から

まちがいをほうったらかしにしないことが、数学の力を伸ばす一番の近道だよ。

Point

- まちがった問題は消しゴムで消さずに残しておく
- まちがったままにしないで必ず解き直す
- まちがった理由もかき残すことが、次にまちがわないコツ

まちがった問題の直し方

次のようなまちがいをした場合、キミならどう直すかな？

$$2x-3=5$$
$$2x-3+3=5+3$$
$$2x=6$$
$$2x\div 2=6\div 2$$
$$x=3$$

答

① まちがえた答えの「3」だけを赤ペンで「4」に直す

② まちがえた3行目と4行目の「6」を「8」に、答えの「3」を「4」に赤ペンで直す

③ 3行目から答えまでの3行をすべて赤ペンで直す

答えは、どれもまちがい。私のおすすめは、「最初から全部解き直す」だ。

これを繰り返すことで、キミのノートはキミの解き方の特徴やまちがいのクセを表した、世界に1つだけの最高の参考書になる。

しかも、内申書の評価も良くなるかもしれないというおまけつきだ。

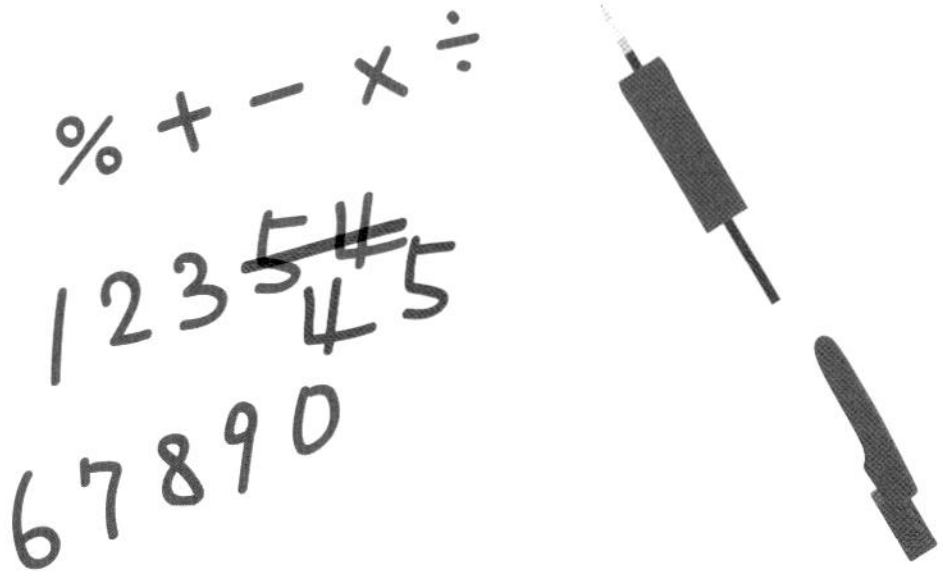

37 【数学③】作図のときの補助線を消さないわけ

考えた過程を残すことで思考力の評価につながる

作図の問題のときに「作図に使用したコンパスの線は消さないこと」と注意書きがあるのを見たことはないだろうか。でも、コンパスの線は解答には関係のない下書きのようなものだから、消したくなる人もいるかもしれないね。

なぜコンパスの線を消してはいけないかというと、**「この生徒はこういうふうに考えて解答したんだね」ということがわかるからなんだ。**コンパスは円をかくための道具だけれど、ある点からの距離《きょり》を測るための道具でもある。作図の問題では、コンパスの線によって、どの部分の長さを測って図をかいたかも見られているのだ。

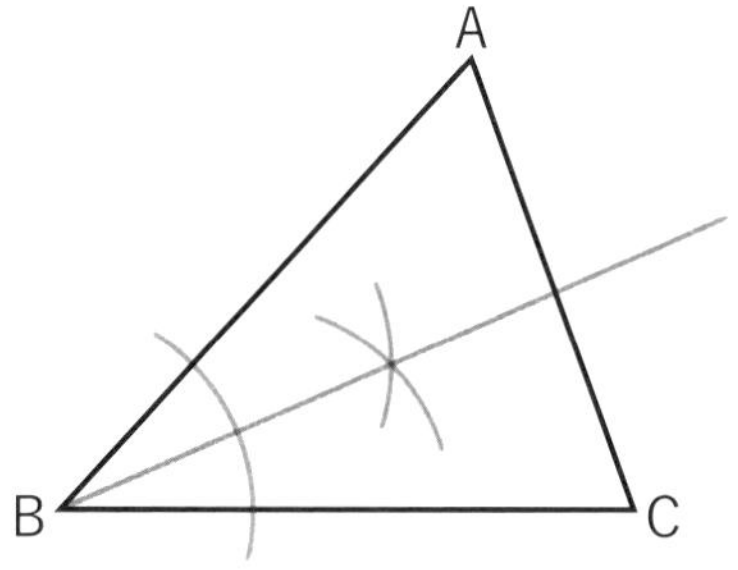

高校の先生から

この図は、∠ABCの二等分線をかく作図問題。コンパスでかいた3本の線があるが消さないでおく。こうすることで、どうやって解いたかがわかり、解き方を理解しているということが採点者に伝わるからだ。

どっちの解答の評価が高い？

【問】

1個120円のりんごと、1個30円のみかんを合わせて20個買い、170円の箱に入れてもらうと、代金の合計は1400円であった。りんごとみかんをそれぞれ何個買ったか求めなさい。

【解答例1】

$$120x+30(20-x)+170=1400$$
$$120x+600-30x+170=1400$$
$$90x=630$$
$$x=7$$

答　りんご7個、みかん13個

上記の解答でもまちがいではないが、私なら以下の解答のほうにより高い評価をつける。

【解答例2】

りんごを x 個買ったとする（買ったみかんの個数は $20-x$ 個となる）※1

$$120x+30(20-x)+170=1400$$
$$120x+600-30x+170=1400$$
$$90x=630$$
$$x=7$$

このとき、$20-x=20-7=13$

これらは問題文と合っている。※2

答　りんご7個、みかん13個

ちがいは、※1と※2があるかないかだ。これによって、この生徒がどのように考えたかがわかり、単に方程式が解けるだけでなく思考力や表現力も備わっていることが伝わってくる。

38

【英語①】英語力以外で評価を上げるコツ

堂々と話す態度やスムーズなやりとりもだいじ

「知識・技能」の評価は定期テストなどの結果が評価の根《こん》拠《きょ》となる。しかし、テストの点数が悪かったからといってあきらめてはいけない。「思考・判断・表現」の観点や「主体性」の観点に着目すれば、評価を上げる方法はたくさんある。たとえば「思考・判断・表現」では英作文やリスニングテストやスピーキング、スピーチなどが主な評価対象となる。スピーチの場合、スピーチ原《げん》稿《こう》が正確な文法でかかれているかは当然だが、「内容を暗記できているか」「目線がきょろきょろせず落ち着いて話せているか」「練習にまじめにとりくんでいるか」も評価ポイントになる。これならできそう、ということを見つけよう。

高校の先生から

プレゼンテーションはなり切ってスムーズに話す、ALTと積極的に会話するなども、評価のポイントになることがあるよ。

Point

- テストの点数以外にも評価を上げる方法がある
- 文法や単語の正確さは基本
- スピーチは話し方や練習態度も評価の対象になることがある

「思考·判断·表現」の観点評価の分かれ目

スピーチの場合

暗記できているかどうか、話すときの目線、練習へのとりくみなども見られている。

A：正確な文法や発音を使い、長文や文章で話すことができる
B：正確な文法を使い、話すことができる
C：短文でのみ話すことができる

ALTとの会話の場合

英語で質問をしたり、英語による質問に英語で答えられるかが見られる。無言だと評価の対象にもならない。勇気を出してどんどん話そう。

A：単語のみではなく文や文章でやりとりできる
B：知っている単語を使ってやりとりできる
C：英語でコミュニケーションができない

プレゼンテーションの場合

文法は正しいか、単語は適切か。正しい発音や流暢《りゅうちょう》さも求められる。

A：正確な文法や発音を使い、長文や文章で話すことができる
B：正確な文法を使い、話すことができる
C：短文でのみ話すことができる

単語を並べるだけでなく
文章で話すよう意識しよう。

39

【英語②】「主体的に学習にとりくむ態度」で評価を上げるコツ

宿題や提出物で熱意を伝えよう

英語は、スピーチやプレゼンテーションなど実技要素も含《ふく》むことが国数社理と大きく異なる点。つまり単純にテストだけで評価できず、がんばったら救われる要素が他の4教科より多いとも考えられる。ではどこでがんばるか。宿題や提出物をていねいにかいて締《し》め切りまでに出す、スピーチやプレゼンテーション後の振《ふ》り返りシートにはなるべくたくさん自分の考えをかく、ノートで熱意を伝えることもポイントだ。1回の課題だけですべての評価が決まるわけではなく、日々のつみかさねが評価になる。**1回しくじっても次でがんばればばんかいできるのだ。**あきらめず課題にとりくもう。

高校の先生から

どんな教科でも、やる気と熱意はだいじ。でも、がんばっているふりだけで評価を上げることはむずかしい。宿題や提出物にていねいにとりくんで熱意を形で示そう。

Point

- 実技要素がある英語は、テスト以外でも評価を上げるチャンスがある
- 宿題や提出物はしっかりていねいに。締め切り厳守で
- 振り返りシートはなるべくたくさんかこう

これがＡ評価のノートだ！

自分なりの気づきや先生のつぶやき、「ここが大事！」と言ったところはメモして自分なりのノートをつくろう。授業ではプリントが配られてノートをとらないことも多い。その場合も同様だ。

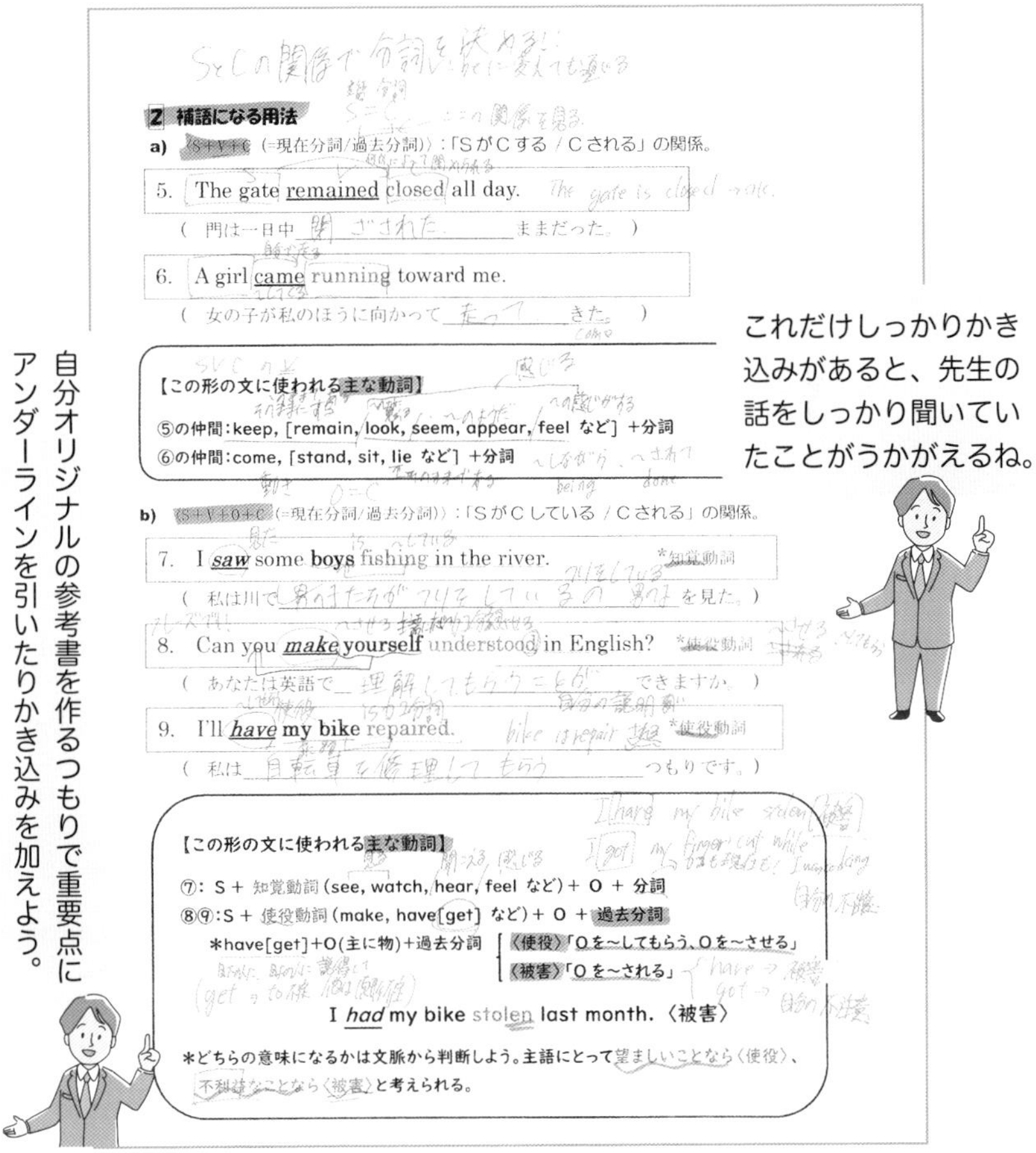

2 補語になる用法

a) 〈S＋V＋C（＝現在分詞/過去分詞）〉：「ＳがＣする / Ｃされる」の関係。

5. The gate remained closed all day.
（ 門は一日中 閉ざされた ままだった。）

6. A girl came running toward me.
（ 女の子が私のほうに向かって 走って きた。）

【この形の文に使われる主な動詞】
⑤の仲間：keep, [remain, look, seem, appear, feel など] ＋分詞
⑥の仲間：come, [stand, sit, lie など] ＋分詞

b) 〈S＋V＋O＋C（＝現在分詞/過去分詞）〉：「ＳがＣしている / Ｃされる」の関係。

7. I *saw* some **boys** fishing in the river. ＊知覚動詞
（ 私は川で ＿＿＿＿ を見た。）

8. Can you *make* **yourself** understood in English? ＊使役動詞
（ あなたは英語で ＿＿＿＿ できますか。）

9. I'll *have* **my bike** repaired. ＊使役動詞
（ 私は ＿＿＿＿ つもりです。）

【この形の文に使われる主な動詞】
⑦：S＋知覚動詞（see, watch, hear, feel など）＋Ｏ＋分詞
⑧⑨：S＋使役動詞（make, have[get] など）＋Ｏ＋過去分詞
＊have[get]＋Ｏ（主に物）＋過去分詞 〈使役〉「Ｏを～してもらう、Ｏを～させる」 〈被害〉「Ｏを～される」
I *had* my bike stolen last month.〈被害〉
＊どちらの意味になるかは文脈から判断しよう。主語にとって望ましいことなら〈使役〉、不利益なことなら〈被害〉と考えられる。

ノートにおける「主体的に学習にとりくむ態度」の評価の分かれ目

A：先生の指示通りのノート＋自分なりのメモや工夫があるか

B：指示通りのノート

C：A・Bの基準を満たさないもの

40 【理科①】記述問題で差をつけるコツ

聞かれたことに答えるだけではなく理由にも触《ふ》れる

たとえば、「プラスチックを水の中に入れてから静かに手を離《はな》すと浮《う》かんだ。プラスチックが水に浮く理由を答えなさい。」という記述問題。どう答えれば正解だろうか。「水より軽いから」は不正解。重さで浮くわけではないからだ。「水より密度が小さいから」なら正解だが、どうせなら「水の密度1よりプラスチックの密度が小さいから」くらいまで具体的にかいてほしい。これで評価も上がるだろう。**記述問題は、なぜそうなるのか理由を常に意識してかくように心がけよう。**評価のためだけでなく思考力をきたえることにもなる。レポートの課題では、必ず自分の感想をかくことも評価アップのコツだ。

高校の先生から

「○○だからこう思う」「○○なことからこうだと考えられる」というように、必ず理由を述べることを意識していると理科が得意になるかもしれないよ！

Point

- 記述問題はなるべく詳《くわ》しくかく
- なぜそうなるか、理由もかければ完璧
- 日頃から「なぜ？」と理由を意識するよう心がけよう

あと少し評価を上げる解答例

記述問題では、単に正しい答えをかくだけでなく、理由もかくように心がけると評価が上がるし、思考力や記述力向上にもつながるよ。

【問】

オタマジャクシとカエルの呼吸について説明しなさい。

【解答例①】

オタマジャクシはえら呼吸で、
カエルは肺呼吸

【解答例②】

オタマジャクシはえらと皮ふで呼吸し、カエルは肺と皮ふで呼吸する

【解答例③】

オタマジャクシは水中で生活するため、えらと皮ふで呼吸する。カエルは主に陸上で生活するので肺と皮ふで呼吸する

41 【理科②】結果だけでなく、考察と感想を必ずかく

聞かれたことに答えるだけではなく理由にもふれる

実験の授業のときに評価の対象となるのは、実験にとりくむ態度や、実験レポートの内容だ。

実験は、意図や方法を理解して正しい手順で行うこと。グループで行うことが多いが、人任せにしないで積極的に実験に参加しよう。グループで協力し合う態度も重要な評価ポイントだ。準備や片づけのときの態度も先生は見ているよ。

実験レポートは、実験結果をかくことはもちろんだが、**結果から考えられること**（考察）**も必ずかくこと**。１つの事実だけでなく、過去に学んだことなど複数の結果を関連付けて考察ができればさらに良い。実験を通して感じたことなど、感想も必ずかこう。

高校の先生から

感想だけで考察がない、考察はあるけど感想がない、ということがないよう、両方ちゃんとかくことが評価アップのポイントだよ。

Point

- 実験の意図を理解して正しい手順で行おう
- グループで協力し積極的に参加しよう
- 実験レポートには考察と感想もかこう

実験レポートをかくポイント

実験　スチールウールを加熱してできる物質を調べる　＿月＿日＿曜日

2年＿組＿番　氏名＿＿＿＿

目的

① スチールウール（鉄）を加熱させて、酸素と鉄が結びつくことを理解し、元の物質と化合物の性質の違いを発見する。

② 化合物と元の物質の質量の違いについても理解することができる。

実験の手順

① まず加熱前のスチールウールの質量を測定する（ 2.8 ）g

② スチールウールを加熱する ←白い火が出た.

③ 加熱後の物質について質量を測定する（ 2.92 ）g

④ 加熱前と加熱後に物質に塩酸を加えたときのようすを観察する。

実験結果

	加熱前	加熱後
質量について	2.8g	2.92g
…を加えたときのよう	あわが出る　・塩酸が白くなった 無臭 →水素が出た	あわが出ない　・あわが出た…もあった 反応しない →燃えてない?
…は流れるか	流れる 豆電球がついた	流れない　・電気が流れてしまうことも 豆電球がつかない

自分が感じたことや、この実験を発展させて、これから調べたいことまでかかれている点もとても良いね。

…め・考察

…験結果から、加熱前と加熱後では異なる物質となることがわかった…学変化は（ 鉄 ）が（ 酸素 ）と結びつき（酸化鉄）となる。このよう…びつく反応を（ 酸化 ）という。加熱後の物質は化合した酸素の分だ…（ 重く ）くなる。

とても詳しく実験の様子がかかれているところがいいね。

わかったこと・気がついた事

スチールウールを燃やしたときにチリチリ光った.
加熱後はちょっとボロボロした　金属の性質がなくなった
加熱後は見たところはあまり変わっていないようだったけど、
性質が大きく変わっていておどろいた.
鉄以外の金属でも同じようになるのか調べたい.
水素以外が発生することはあるのか.
塩酸以外の酸やアルカリ性の水溶液ではどのようになるのか.
加熱後に電気が流れる金属があるのか.　など調べてみたい.

分量が多ければ良いわけではないけれど、このくらいしっかりかかれているとやる気が伝わってくるね。

実験レポートにおける「思考・判断・表現」の評価の分かれ目

A：結果・感想があり、考察までしっかりかけている

B：結果に不備がない　感想のみ　考察なし

C：結果に不備がある　空欄がある　未提出

第5章【教科別◉内申アップのための具体的行動】

理科

42 【理科③】「主体的に学習にとりくむ態度」は提出物やノートで示す

図やグラフを使ってわかりやすくまとめよう

他教科と同様、理科でもノートは重要な評価材料だ。授業内容はもちろん、実験でわかった事実を記録したり、気づきをメモしたり、疑問点やそのときの感想、考えてみたいことなどをかき込《こ》んで、**自分だけのノートをつくっていこう。**まとめスペースには、その日習ったことを自分のことばで人に伝わるようにまとめてみるといい。その際に、図やグラフを用いて目で見てわかるようにかくとよりいいだろう。P.112でも紹介《しょうかい》するようにクイズにしてもいいね。実際に手を動かすことがとてもだいじだ。日々の積み重ねでかくことに少しずつなれていけば、記述問題や考察、感想をかくときも簡単に感じるだろう。

高校の先生から

実験装置などの図をかくときは、上手である必要はないが、できるだけ正確にていねいにかこう。図をかくことで理解が深まることもあるよ。

Point

- ノートには板書だけでなく、自分なりにわかったこと、気づいたことなどをメモしよう
- 習ったことは人に説明できるくらいわかりやすくまとめておこう
- 日頃から手を使ってかくことになれておけば記述問題にも動じない

これが評価Aのノートだ

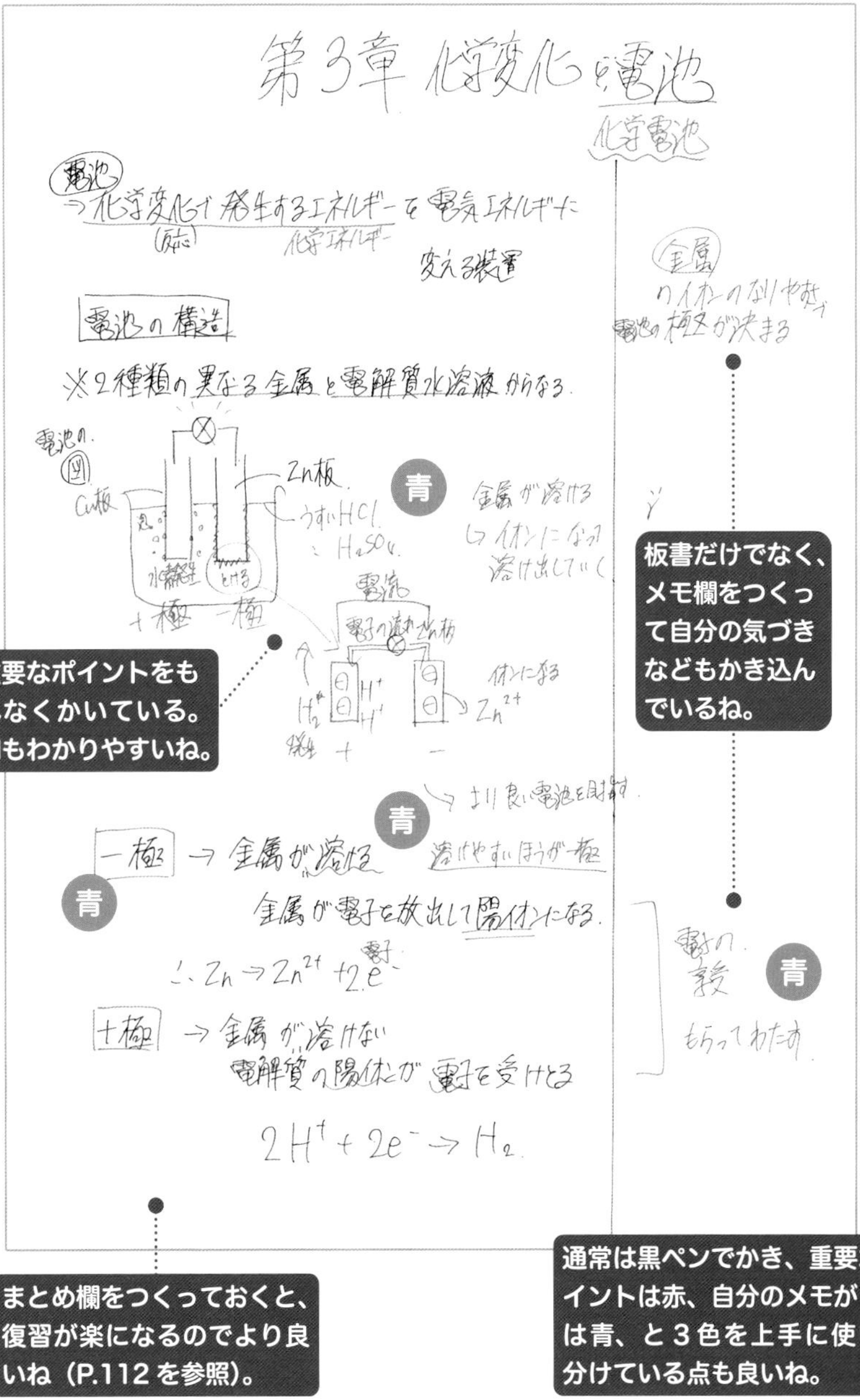

重要なポイントをもれなくかいている。図もわかりやすいね。

板書だけでなく、メモ欄をつくって自分の気づきなどもかき込んでいるね。

まとめ欄をつくっておくと、復習が楽になるのでより良いね（P.112を参照）。

通常は黒ペンでかき、重要ポイントは赤、自分のメモがきは青、と3色を上手に使い分けている点も良いね。

実験レポートのとりくみ方

水の電気分解　化学反応式　$2H_2O \rightarrow 2H_2 + O_2$

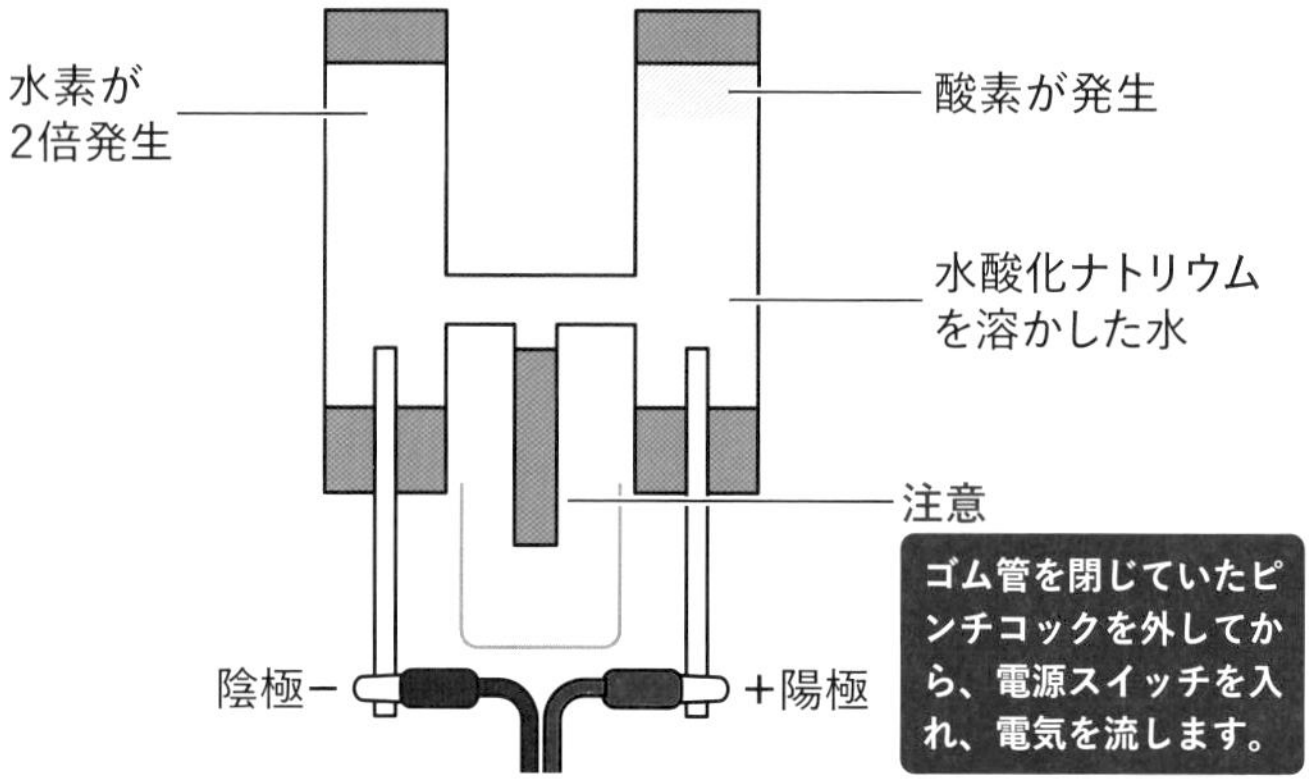

この図は、水の電気分解の実験のようすを示しているよ。水酸化ナトリウムを溶《と》かした水に電気を流すと、陰極《いんきょく》から水素、陽極から酸素が発生するという有名な実験だ。

この実験を観察したときに、実験レポートにキミはどうかくかな？

「両方の電極から泡《あわ》が出てきた」でもまちがいではないが、もっと注意深く見てみよう。「両方の電極から気体が出ている。陰極のほうが多くの気体が出ている」までかけると、よく観察している態度のアピールになる。さらに、「なぜこのようなことが起こるのだろう」と考えて (左ページへ)

「電極から発生した気体が、流れた電気（＋と－）に関係していると考えられる」と仮説を立てるとさらにいい。

授業では、このあと発生した気体が何かを調べる。たとえば、陰極から発生する気体に火のついた線香を近づけると「音を立てて燃えること」から水素、陽極から発生する気体は「激しく燃えること」から酸素であると見つけていく。

このときも、確かめる前に仮説を立てると、実験にも意欲的にとりくめるはずだ。たとえ仮説が誤っていても、理解を深めることにつながるだろう。

さらに発展して、「音を立てて燃える」から水素、「激しく燃える」から酸素であると結論づけたが、「本当にそれで水素と酸素って決めてもいいの？」と考えることができれば、より「探究」が深まるよね。実際に、音を立てて燃えるのは水素の他にメタン、プロパンなどがあり、激しく燃える気体には酸素の他にオゾン、フッ素、塩素などがある。しかし、水の電気分解ではＨとＯでつくられる物質しか出ないので、メタンや塩素などは出てこないことが、化学式を学ぶとわかってくる。

このように疑問を持つことや物事の広がりを関連付けていくことで、興味も知識も深まり、理科が好きになっていくかもしれないね。

43 【社会①】記述問題で差をつけるコツ

複数の資料を関連・対比させて答える練習をしよう

社会は暗記科目と思っている人も多いかもしれないが、近年の高校入試では記述式の問題が増え、それにあわせて中学校の定期テストでも記述問題が増えている。よく見られるのが、複数の資料を見てそこから読み取れることを問う問題だ。このときに1つの資料についてだけ答えるのではなく、**与《あた》えられたすべての資料に触《ふ》れながら答えることがポイント**だ。資料を見たままのことを答えるのではなく、2つの資料を比較《ひかく》してその関連を述べたり、対比してわかったことを述べるなどが求められる。記述式はむずかしいと思うかもしれないが、答え方のコツさえ知っておけば評価アップはそうむずかしくはない。

高校の先生から

歴史は年代を覚えるよりも全体のストーリーをつかんでおくと記述問題対策になる。他国とのつながりや政治・経済と文化のつながりなども意識しながら教科書を読んでおくとさらに良いよ。

Point

- 記述問題は知らないと解けない暗記問題より簡単だ！
- 複数の資料を見て答える問題は必ずすべての資料について述べよう
- ただ見たとおりだけでなく、関連付けや対比してわかったことを見つけよう

記述問題の例と解答例

歴史

【問】『倭寇』『勘合』の２つの資料が何を表しているか、またこれらと日本との関連を答えなさい。

倭寇の画像
『倭寇図巻』（画像省略）

勘合画像
『大明勘合符』（画像省略）

【解答例①】倭寇と呼ばれる海賊《かいぞく》が明軍の船と戦っている
【解答例②】勘合符というもので日明貿易に使用されていた
【解答例③】倭寇の被害《ひがい》に困った幕府は勘合符を使い始めた
【解答例④】倭寇が活動している地域で勘合符を発行した

解答例の①も②も、片方の資料のことしかかいていない。③④は両方の資料についてかいているけれど、③は内容が不十分、④はまちがっている。また、①～④は「これらと日本との関連」については答えられていないよ。

【模範解答例】

14 ～ 16 世紀ごろ、日本人も含《ふく》む倭寇という海賊が朝鮮《ちょうせん》半島や中国の沿岸で略奪《りゃくだつ》や密貿易を行っていた。この頃《ころ》、日本は明と日明貿易を行っていたが、明は倭寇と正式な貿易船を区別するために勘合符を発行した。

このくらいかけていれば問題ないだろう。教科書を繰《く》り返し読んで、全体像を把握《はあく》していればそれほどむずかしくはないはずだ。

地理

【問】日本の気候区分を表す2つの資料から読み取れることを答えなさい。

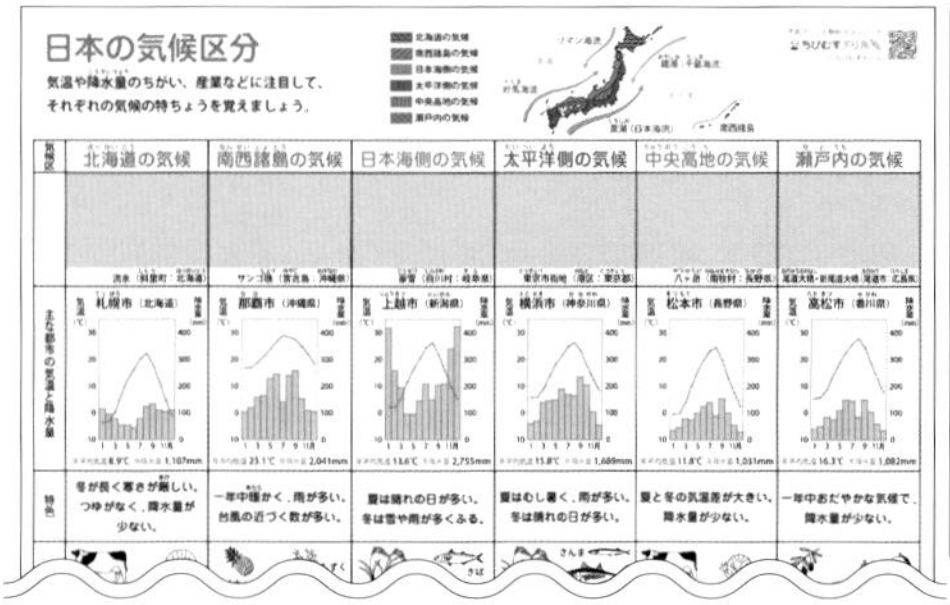

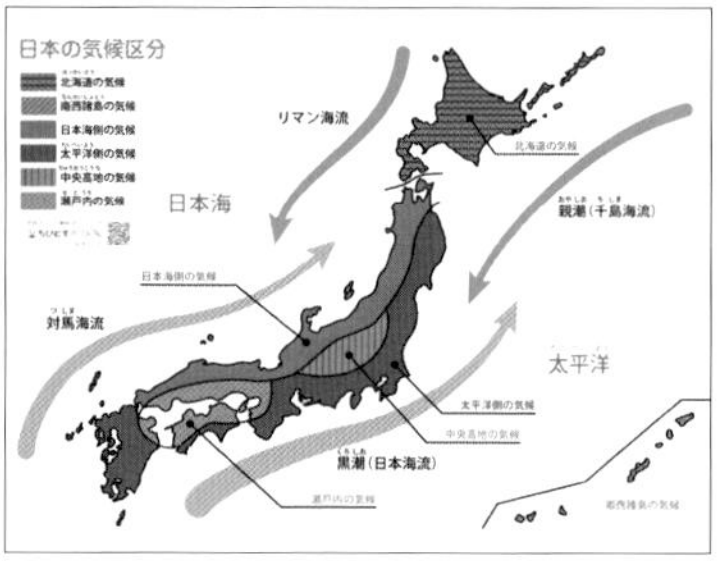

（出典：ちびむすドリル）

【解答例①】上越《じょうえつ》と横浜《よこはま》では横浜のほうが気温が高い
【解答例②】上越は冬に降水量が多い
【解答例③】松本と高松は降水量が少ない
【解答例④】日本の周囲には４つの海流が流れている
【解答例⑤】海沿いの地域は降水量が比較《ひかく》的多い

①〜④はどちらか一方の資料のみについて述べている。⑤は資料から読み取ってはいるが対比はできていない。

【模範解答例】

冬の降水量を比較すると、太平洋側よりも日本海側が多くなっている。これは冬の北西の湿気《しっけ》を帯びた季節風が日本海側に大量の雪を降らせているからである。また、沿岸部から離《はな》れた地域では沿岸部よりも降水量が少ない。さらに沿岸部では南からの暖流の影響《えいきょう》で冬でも温暖である。

２つの資料の関係性から何が言えるかを読み取ること、またなぜそうなっているのか、資料から根拠《こんきょ》を見つけて論じることができているね。

「思考・判断・表現」の評価の分かれ目

A：与えられた複数の資料を多角的にとらえ、関係などを表現できている。自分の考えを表現している。「考察」がある。

B：この資料のみ言及している。与えられた資料以外の内容に触れる。正確に読み取れていない。感想のみになっている。「考察」がない。

C：資料を読み取れていない、感想や考察もない。

44 【社会②】考えを話す力、人の話を聞く力をみがく

いつでも意見を言えるように準備しておこう

社会では、グループで討論する機会が多く、これも評価の対象となっている。発言の順番がきたときに「何も言うことがない」とならないように、常に「なぜだろう」「自分はこう思う」ということを意識しながら討論に臨もう。**積極的に発言することはだいじだが、主張ばかりして人の話を聞けないのでは「協力的ではない」とみなされてしまうから要注意。**

自分が司会役になったときには、グループの議論を深められるように適切な質問を投げかけ、意見を引き出そう。まんべんなくみんなが発言できるよう気配りすることも司会者には求められる。議論の内容を、要点をつかんで記録する力もみがいておこう。

高校の先生から

ディスカッションで積極的に意見を述べたり、議論が深まるように協力することは、評価につながるだけでなく、大人になってからも役立つ力になるよ。

Point

- 積極的に参加することが何よりだいじ
- いつでも発言できるよう意見をまとめておこう
- 議論が盛り上がるよう協力的な態度で参加しよう

45 【音楽①】演奏や歌唱が苦手な人が評価を上げるコツ

練習や鑑賞《かんしょう》、テスト、ワークシートなどでがんばろう

楽器演奏や歌が苦手だから音楽で高評価をとるのは無理、と思っていないだろうか。それは大きなまちがいだ。確かに楽器や歌が上手な人のほうが評価が高いのは事実だが、音楽の評価のポイントはそれだけではない。定期テストやノート、ワークシート、発表やプレゼンテーション、音楽鑑賞時の態度、グループでの話合いなど、**さまざまな活動が評価の対象になる。**楽器演奏でも、自主的にパート練習や個人練習をしている姿は当然評価の対象になる。歌も、感情を込《こ》めて歌うよう意識することで「表現」の評価は高くなるだろう。「自分は演奏が（歌が）下手だから」とあきらめずできることをやってみよう。

高校の先生から

正確な技能だけでなく、創意工夫や楽しんでとりくんでいるかも、音楽では評価のポイントになっているよ。

- 楽器演奏や歌が苦手でもあきらめない
- 筆記テスト、ノート、ワークシートなど演奏や歌以外の評価方法がたくさんある
- 熱心に練習する態度も評価の対象になる

46 【音楽②】歌が上手な人がもっと評価を上げるコツ

記号や旋律《せんりつ》、伴奏《ばんそう》、歌詞の意味を理解して思いを込めて歌う

歌唱の評価は、単に歌詞を覚えて曲に合わせて歌えるだけでなく、曲の雰囲気やリズム、旋律や歌詞のもつ意味を理解して、悲しい雰囲気《ふんいき》のときは悲しく、楽しい雰囲気のときは楽しく、曲に合わせて思いや意図を持って歌うことまでもが求められている。**単に上手だから高い評価がつくわけではない。**

歌い方のポイントやハーモニー、楽譜《がくふ》記号などについて説明があれば関心を持って聞き理解しよう。主旋律だけでなく伴奏のリズムも意識しよう。CDなどの音源や先生のお手本を聞くことがあれば参考にしてイメージをつくろう。そして何より音楽を楽しむこと。それだけで歌い方が変わってくるだろう。

高校の先生から

歌唱力に自信がある人にも
自信がない人にも共通する、
評価アップのコツだよ。

Point

- 上手に歌える（＝技能）だけでなく、表現力の評価もアップしよう
- 曲のリズムや雰囲気に合わせて感情を込めて歌おう
- 音楽記号の意味を理解し意識しながら歌えるようにしよう

47

【音楽③】鑑賞で評価を上げるコツ

まずは楽しむ、感想をかきとめる

音楽は楽しむものだ。音楽の先生も、みんなに音楽に親しみ楽しんでもらいたいと思っている。実技が苦手な人は、鑑賞をとことん楽しんでしまおう。先生は、鑑賞する曲や歌の時代背景、作者、演奏方法、ジャンル、**鑑賞のポイントを教えてくれるはずだから、それを念頭におきながら聴《き》いてみよう。**何も知らないまま聴くのと曲や歌について知ってから聴くのとでは音楽の「聴き方」が変わってくるし、回を重ねるとだんだん「聴く力」がついてくるはずだ。先生から聞いた話は必ずノートにかいておこう。聴きながら、感じたこともメモしておくとあとでノートやレポートをかくときにも役立つだろう。

高校の先生から

鑑賞のときに、ちょっとしたことでも感じたことをメモしておくとかくことに困らないよ。

鑑賞レポートをかくときのPoint

- 時代背景、作者、演奏方法、ジャンルなど、先生から聞いた話もかいておこう
- 鑑賞のテーマがあるときは、そのテーマに沿った感想をかこう
- 曲を聴いて感じたこと、わかったことをできるだけたくさんかこう

48 【音楽④】定期テストで差をつけるコツ

作者名、楽譜《がくふ》記号は必ず覚えよう

実技が苦手でも評価を上げる方法はたくさんある。中でも成果がわかりやすいのが定期テストだ。まず**授業で使ったプリントや楽譜は必ず見直そう。**習った曲の作者や時代、歌詞の意味も確認しよう。作者名を漢字で聞かれることもあるから覚えておこう。「荒城《こうじょう》の月」の作者を漢字でかけるかな？　習った歌の歌詞も覚えてかけるようにしておきたい。

音符や楽譜記号の名前や意味も必ず出題されるから要チェック。クレッシェンドとデクレッシェンドのちがいは？　アンダンテの意味は？　自分で歌ったり演奏したりするときにも意識したはずだから、答えられるようにしておこう。

高校の先生から

テストには授業で習ったことしか出ない。プリントやノートに先生が話したことをメモしておくとテスト勉強のときにとても役立つよ。

Point

- 授業で使ったプリントや楽譜は必ず見直そう
- 作者名は漢字でかけるようにしておこう
- 音楽記号の読み方、意味を確認しておこう

音楽の定期テストでよく出る問題例

問1　「荒城の月」の作詞家名を漢字で答えなさい。

ちなみに作曲家は滝廉太郎だよ。あわせて覚えておこう。

問2　「春」の作曲家を答えなさい。　ヒントはイタリア人だよ！

問3　「クレッシェンド」の意味を答えなさい。

「デクレッシェンド」もいっしょに覚えておこうね。

問4　図のアルトリコーダーについて、
「ファ」を吹く時に押さえる穴を塗りなさい。

リコーダーの演奏ではサミングについても聞かれることがあるよ。

問5　「♩＝84」の意味を説明しなさい。　四分音符は「タン！」だったね。

問6　本校校歌の1番の歌詞をかきなさい。

歌詞に出てくる漢字も覚えておこう。しっかり覚えると大人になっても懐かしく思い出すことができるよ。

問7　芸術鑑賞会で鑑賞した歌舞伎について、狂言とのちがいについて説明しなさい。

古典芸能では能もあるね。能は狂言と同じルーツで主に悲劇を題材にしているよ。

【解答例】 **問1**　土井晩翠《ばんすい》　**問2**　ヴィヴァルディ　**問3**　だんだん強く　**問4**　略。教科書を見て確認しておこう　**問5**　1分間に四分音符を84回打つ速さのこと　**問6**　略　**問7**　歌舞伎：音楽や踊りが一体となっている。江戸時代の出来事や庶民の生活を題材にしている。狂言：散楽（滑稽《こっけい》な話や物まね、寸劇など）を基にした古典芸能で喜劇

49 【美術①】「表現活動」の評価を上げるコツ

何でもおもしろがってやってみる

美術の先生は、生徒が美術に積極的にとりくんでいく中で、感性を豊かにしたり豊かに人生を送れるヒントを得てほしいと願っている。音楽と同様、美術は楽しむこと、感じること、表現することが中心の活動だ。しかし、感じることや表現することって優劣をつけるようなものではないから評価がむずかしい。だから美術は、積極的に授業にとりくむ態度**自体が評価の対象になることが多い**。であれば「苦手だからやらない」というのはソンだ。何でも「おもしろそうだな、やってみよう」という気持ちで向き合ってみよう。それが「思考・判断・表現」や「主体的に学習にとりくむ態度」の評価にもつながるよ。

高校の先生から

苦手なことでも「どうしたらうまくいくかな」「こうしたらうまくいった」と考えながらとりくむことで楽しくなってくるよ。

Point

- 作品のできばえよりも積極的にとりくんだかどうかが重視される
- 苦手でもまずはおもしろがってとりくもう
- 授業態度自体が評価の大部分を占めることを自覚しょう

美術の評価を上げるポイントとは？

美術って、どんなことが評価につながるのかわかりにくいよね。たとえば、絵をかく活動を例に考えてみよう。絵が上手かどうかだけでなく、いろいろな観点が評価のポイントになるよ。

★道具は正しく使えているかな？

鉛筆《えんぴつ》、水彩《すいさい》絵の具など、使用する道具について理解して、正しい使い方ができているかな？

★授業のねらいに沿っているかな？

この授業のねらいが何なのか先生の話をよく聞いて、ねらいに沿ってとりくもう。ねらいがわからなかったら先生に質問しよう。そういう態度も評価の対象になるかもしれないよ。

★何を表現したいかが伝わるかな？

作品のできばえよりも、「自分はこれを表現したい」という思いが込《こ》められていることがだいじだよ。思いがあれば積極的にとりくめるよね。

★自分で考えて工夫しているかな？

たとえば、「前に習った影《かげ》のつけ方でかいてみよう」や、「遠近法を意識して立体感を出そう」など、自分なりに工夫する姿勢がだいじ。うまくいかなかったら原因を考えてまたトライする姿勢は高く評価されるよ。

★提出期限を守っているかな？

せっかくがんばっても期限までに提出できなければ評価はマイナス。時間厳守は鉄則だよ。

50 【美術②】鑑賞で評価を上げるコツ

制作が苦手な人は文章表現でばんかいしよう

美術の活動は、大きくは「表現」と「鑑賞」がある。絵や工作などの「表現」に苦手意識がある人は、「鑑賞」でがんばってみよう。鑑賞では、作品を見て自分がどう感じたかを言葉で表現する力が求められるよ。逆に言えば、**絵が苦手でも文章で表現するのが得意な人は有利かもしれない。**最初は、「色使いがおもしろい」「発想が変わっている」といった簡単な感想しか出てこないかもしれない。でも先生の話や友達の意見を聞いたり作品の背景を調べたりするうちにいろいろな感想が出てくるはずだ。そういうことをきちんとメモして文章化するクセをつけておくと、ワークシートに記入するときに困らない。

高校の先生から

作品の鑑賞によって感性や感覚を高めたり、知らなかった表現方法に気づいて次の創作活動に活かしたり、自分の世界が広がっていくことを楽しもう。

Point

- 自分の感想を文章化することを習慣にしよう
- 先生の話や友達の意見をよく聞いて参考にしよう
- 作品の背景や作者についても自分で調べてみよう

51

【美術③】定期テストで差をつけるコツ

必ず出る問題を知り対策しておこう

定期テストで点数を稼《かせ》ぐ、これは実技科目すべてに共通する鉄則だ。テストで出る問題はパターンが決まっているから対策も立てやすい。ちょっとの努力で目に見えて効果が出るからやりがいもある。**上級生に過去の問題を聞くのも賢《かしこ》い方法だ。**

美術でよく出題されるのは、絵画なら①作品名、②画家の名前、③画家の出身地。授業で出てきた絵画は必ずチェックしよう。そのほか明朝体、ゴシック体といった文字の書体、色の三原色、三要素、色相環《そうかん》など色彩《しきさい》の知識、遠近法、グラデーション、マーブリングなどの表現技法は定番問題だ。教科書に出てくる用語の意味も確認しておこう。

高校の先生から

よく出る問題はクイズにしておくと楽しく覚えられるよ。

Point

- 授業に出てきた絵画作品は、①作品名、②画家の名前、③画家の出身地を要チェック
- 色彩、表現技法、著名な作品の作者名は定番問題
- 教科書に出てくる用語の意味は必ずチェック

美術の定期テストでよく出る問題例

問1　あなたにとっての「夢の乗り物」を鉛筆画で表現しなさい。

授業で学んだことを活かしながら、自由な発想で描いてみよう！

問2　江戸時代に完成した浮世絵の影響を受けたと言われる西洋の画家を2名答えなさい。

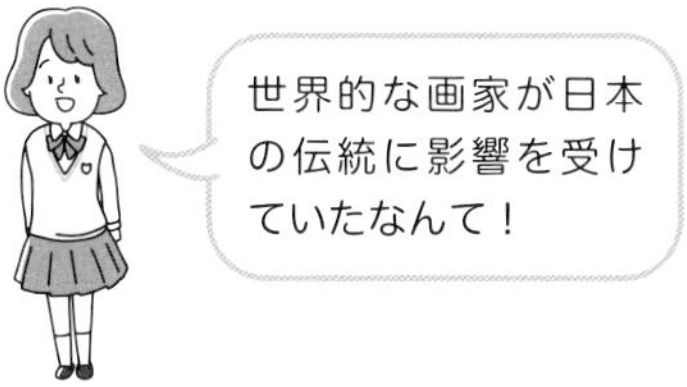

問3　1860年代にフランスで始まり、モネやルノアールなどが活躍した芸術運動のことを何というか答えなさい。

問4　「伝わりやすいポスター」の条件は何ですか。

身の回りのポスターをどんな工夫があるか気にしながら眺《なが》めてみよう。

問5　「曲げわっぱ」を用いた製品の主な産地を答えなさい。

問6　ピカソのゲルニカの写真を見て、感じたことをかきなさい。

【解答例】　**問1**　略　**問2**　クロード・モネ、ピエール＝オーギュスト・ルノアール　**問3**　印象派　**問4**　効果的なレイアウト、関心を引くキャッチコピー　**問5**　秋田県大館市　**問6**　略（ピカソがナチスの無差別攻撃に対する抗議を表すためにかかれた絵だ。どんな時代に作者がどんな思いでかいたのかに思いをはせると感じることも出てくるはずだよ）

52

【保健体育①】実技以外で評価されるポイントとは？

積極的に楽しむ、協力する、ルールを理解する

「運動が苦手」「体を動かすことが嫌《きら》い」「好きな種目ではない」などの理由から、体育に積極的になれないというキミ。それでは絶対にソンだ。確かに体育は実技が上手なほうが評価は高くなるが、それがすべてというわけではない。**積極的にとりくむ態度や友達と協力する姿勢などもかなり重視されている。**苦手だからといってあきらめず、できそうなことを見つけてがんばれば、評価が上がる可能性は十分あるのだ。たとえばボール種目は、仲間と協力し役割分担をしてゲームを楽しむことや、ルールをよく理解することなども評価のポイントになっている。これならできそうと思うのではないだろうか。

高校の先生から

準備や後片づけ、試合の審判やボール拾いなどを積極的に手伝ったり、準備運動にまじめにとりくんだり、ちょっとしたことからがんばってみよう。

Point

- 実技や運動能力だけが評価されるわけではない
- 積極的な態度、友達との協力など実技以外にも評価ポイントがあることを知ろう
- 何かできることを見つけて少しでも評価を上げよう！

「主体的に学習にとりくむ態度」の評価の分かれ目

授業に臨む態度、準備や片づけに協力しているか、周囲との協力ができているか、安全面への配慮ができているか、チームでのとりくみに協力できているかが見られているよ。

以下に示しているのは、具体的な評価基準の例だ。

■ 評価基準の例

A：自分に与えられた役割をしっかり行うだけでなく、準備や片づけを積極的に行い、仲間を援助している。健康と安全に十分留意している。

B：準備運動をはじめ、自分に与えられた役割をしっかり行う。仲間を援助しようと努力している。健康と安全に留意している。

C：忘れ物が多く、準備運動をはじめ自分の役割をしっかり行うことができない。健康と安全に留意できない。

53

【保健体育②】ワークシートで差をつけるコツ

工夫したこと、これからの課題についてもかく

体育でも、意外にワークシートや振《ふ》り返りシート、ポートフォリオなど、活動をまとめたり記録する機会があるものだ。実技が苦手な人は特に手を抜《ぬ》かずにやっておこう。「楽しかった」「むずかしかった」など1行で終わるのではなく、**何をがんばったか、どんな工夫をしたか、どんなことを意識してとりくんだかをしっかりかき「やる気」をアピールする**ことがだいじだ。その上で、自分が発見した課題についても触《ふ》れ、その課題を解決するために次に何をするかもかいておく。これは評価を上げるためだけではなく、自分が次の授業に前向きにとりくむためにもぜひやってほしい。

高校の先生から

苦手な実技は、自分のフォームを動画で撮影して改善ポイントを先生に聞いたり上手な人のフォームをまねたりするのも上達のヒントになるよ。

- 実技の苦手を補いたいなら活動の振り返りシートはしっかりかく
- がんばったことを具体的にかき、「やる気」をアピールしよう
- 自分で課題を見つけて、その解決策もかいておくとより評価が高くなる

種目ごとの評価基準例

評価は種目ごとに行われる。以下は、どんなことが評価のポイントになっているかの例だ。工夫をしているか、仲間と協力しているかや、ワークシートの記載《きさい》内容も評価の対象になっていることに注意しよう。

■バスケットボール

A：►うまくなる過程の工夫ができている。レポートにも、その点について記載されている

►相手に勝つためのフォーメーションを工夫している。レポートにも、その点について記載されている

►意識して練習しできるようになった

B：練習し、できている

C：とりくみをしない、できない

■テニス

A：ルールと戦術を理解し効果的に実行できる。仲間と協力し仲間のために関わることができる

B：ルールと戦術を理解しているが効果的に実行できない。仲間と協力し仲間のために関わろうと努力する

C：ルールと戦術を理解していない。仲間と協力したり関わることが困難

54

【保健体育③】定期テストで差をつけるコツ

よく出る問題をチェックして高得点をねらおう

数学が苦手な人が次のテストで80点をとるのはかなりむずかしい。しかし保健体育だとどうだろう。問題は、授業で使ったプリントや教科書から出題されることがほとんどだから、数学よりはどんな問題が出るか予想しやすいはずだ。しっかり準備をすれば80点、いや１００点だってねらえるかもしれない。実技が苦手な人こそがんばりどころなのだ。

体育でよく出題されるのは、競技のルール（コートのサイズ、チームの人数なども）、反則名、技の名前など。保健では、病気の名前、身体のつくり、交通事故に関する問題だ。グラフなどが出ることもあるから、教科書に出るものは必ずよく見ておこう。

高校の先生から

オリンピックや、感染症など時事的な話題も出るかもしれない。もし先生が授業でそういう話をしていたら、テストに出るかもと思ってメモしておくといい。

Point

- 教科書やプリントは必ず見返して、重要ワードは覚えよう
- よく出される問題を知って、対策しておこう
- 教科書に出てくる図や写真も確認しておこう

保健体育の定期テストでよく出る問題例

問1　次の文が正しい場合は○、誤っている場合は×を（　）にかき入れなさい。
「スポーツの語源は、『労働する、根を詰める』という意味だった。」
（　　）

問2　健康や病気に関わる要因について、主体要因にはAを、環境要因にはBをかきなさい。
① 遺伝（　　）　② ウイルス（　　）　③ 食事（　　）

問3　（　　）に当てはまる言葉をかきなさい。
「生活習慣病には（　　）、脳卒中、糖尿病、歯周病などがある。」

問4　薬物を乱用すると体にどのような害がでるか答えなさい。

問5　感染症の感染経路を4つ答えなさい。

コロナ禍でよく聞いたよね。

【解答例】　**問1**　×　正解は、「遊ぶ、気晴らしをする」　**問2**　①A　②B　③A　**問3**　心臓病　**問4**　脳を過度に興奮させる、脳の働きを抑制する、錯乱状態になる、急死のリスクが増加、強い依存状態になる、発達が阻害される、幻覚や幻聴など　**問5**　飛沫感染、空気感染（飛沫核感染）、接触感染、媒介物感染

55

【技術・家庭①】実技で何を見られるかを知ろう

上手につくるより正しくつくることを意識しよう

家庭科には調理や被服《ひふく》などの実習があるが、上手につくることだけでなく、制作過程をよく理解して、**正しく道具を使って安全に作業ができているか**も評価される。苦手だからといってあきらめてはいけない。技術も同様で、たとえば木工であれば作品のできばえだけでなく、**工具の使い方や知識、ていねいで正確な作業ができるか**など、細かな工程が評価対象になっている。何かできそうなことを見つけてとりくむことで評価を上げることは可能だ。

家庭科も技術も実生活に直接役に立つ内容を学ぶので、積極的にとりくむことは評価を上げるだけでなく自分の人生を豊かにすることにもつながるのだ。

高校の先生から

グループワークや発表も重要な評価ポイント。ぜひ積極的にとりくもう。意欲的に考える姿勢も先生はちゃんと見ているはずだ。

Point

- できばえだけでなく、正しく、ていねいな作業をすることも評価される
- 道具を正しく安全に使えるかも評価のポイント
- 実生活につながる知識·技術であることを意識して楽しくとりくもう

56 【技術・家庭②】ワークシートで差をつけるコツ

自分の気づきや工夫をこまめにメモしておこう

実技が苦手なら、「思考・判断・表現」や「主体的に学習にとりくむ態度」の観点で評価を上げる努力をしよう。特にだいじなのは、ノートやワークシート、振《ふ》り返りシートだ。授業中に気づいたことなどはこまめにメモしよう。実技についても、何がうまくいったか、うまくいかなかったことはどのように工夫して改善したか、こまめにメモしておくと、ワークシートにかくときの助けになる。特に問題解決に**ついて工夫したかは重要ポイント**だ。先生の発言や助言、クラスメイトの意見をよく聞いているかも先生は見ている。グループワークや発表には積極的に参加しよう。協力・協働も重要な評価の要素だ。

高校の先生から

ワークシートは箇《か》条《じょう》書きや短い文で終わりにせず、「どう思ったか」「なぜそう思うのか」文章で表現すると、より評価アップにつながるよ。

Point

- ノート、ワークシート、振り返りシートでがんばったことをアピールしよう
- うまくいかなかったことも、改善のために工夫したことをアピールできれば良い評価につながる
- 友達と協力・協働する姿勢も重要な評価ポイント

ワークシートの評価を上げるコツ

たとえば、「家族の働きについて自分の考えをかきなさい」という課題に対し、学んだ知識を基にして、まず「自分にできること」を考えよう。

ここまででは評価はＣからＢくらいかもしれない。それを、「家族のために自分ができること」へと発展させることができれば、評価はＣにはなりにくい。さらに、「家族についてこれからの問題点を改善する方法」を考えることができれば、さらなる評価アップが期待できる。

つまり「知識を理解している」にとどまらず、「意欲的に考えているか」「問題解決について工夫しているかどうか」がとてもだいじなのだ。

【模範例】

家庭科『家族のはたらきについて自分の考えをかきなさい』

家族が果たす重要な役割の１つは、子どもにとっての最初の教育であると考えることができます。家族間の教育は、生活習慣や人間関係、マナーやルール、社会性など、子どもが将来社会で生活するうえで必要な内容です。

ここまでは、授業で学んだ事柄だ。

私も幼いころは、親から箸の持ち方やあいさつの仕方などを教えてもらいました。また、兄弟げんかをして叱られることもありましたが、叱られたことで、他の人にしてはいけないことを学ぶこともできました。中学生になると、弟の面倒をみたり、食事の片づけをしたり、親の手伝いができるようになりました。親の手伝いをすることで、親が自分にしてくれたことの意味が理解できるようになってきました。

自分にできること自分の経験にまで話を広げているね。

親の言うことに反抗してしまうことがありますが、祖母も高齢になってきたので、これまでより家族との関わりが大切になります。家族の中で自分ができることを増やし、自分が学んできたことを、自分の家族に活かしていけるようになりたいと思います。

これからの家族の問題と自分の役割や課題にまで言及している。ここまで深く語れるといいね！

高校の先生から

先生は、①与えられたテーマに対し関心が持てているか、②知識は理解しているか、③意欲的に考えようとしているか、④問題解決について工夫しているかを見ている。③や④までできれば評価は高くなるよ。

57 【技術・家庭③】定期テストで差をつけるコツ

授業をしっかり聞くことが最も効率的な勉強法

他の実技科目と同様、技術・家庭も定期テストの問題は予想しやすい。授業で扱《あつか》った教科書の範囲《はんい》とプリントを確認するという基本的な勉強で出題範囲は網羅《もうら》できるだろう。また、知識系の問題が多いので丸暗記すれば難なく解けるだろう。授業中にしっかり先生の話を聞いてノートやプリントの余白にメモしておくのは基本中の基本。ノートがしっかりとれていれば、テスト勉強の時間を節約できる。

よく出される問題は、技術なら図面のかき方や回路図、道具の種類・使い方など。家庭科なら栄養の種類、食材の切り方、繊維《せんい》の種類、裁断のしかた、縫い方の名前など。答えられるようにしておこう。

高校の先生から

技術や家庭科の内容は実生活に密接に関連していることが多い。自分の生活にどう活かせるかイメージしながら授業にとりくむと興味が持てて楽しくなるよ。

Point

- 暗記すれば難なく解ける問題が多い
- 授業で扱った範囲の教科書とプリントは必ずチェック
- 先生の話をよく聞いてノートやプリントにメモしておくとテスト勉強時間の節約になる

技術・家庭の定期テストでよく出る問題例

技術

問1　両刃のこぎりの刃先のちがいについて説明しなさい。

問2　空所に当てはまる言葉を漢字でかきなさい。
「単板を交互に繊維方向を直角にかえて、奇数枚接着した材料を（　　　　　　　　　　　　　）という」

問3　自分の勉強机に置くための本棚を木材でつくろうと思います。本棚の構想図を等角図でかきなさい。

問4　エネルギー変換に関する技術は、社会や生活の発展にどのように貢献していますか。例をあげて説明しなさい。

【解答例】 **問1**　縦びき用の刃：木材の繊維に平行に切断する場合に使用する。横びき用の刃：木材の繊維に垂直に切断する場合に使用する　**問2**　合板　**問3**　略(上手にかくことよりも学習した知識を使って作業をすることがだいじです)　**問4**　たとえば照明器具の蛍光灯をLEDに交換すると、消費電力が減少し、器具の寿命も長くなる。このことから環境負荷を減らすことができる

家庭科

問1　家庭の機能を支える仕事の例を1つかきなさい。

問2　かつては、男性は家庭の外の仕事をし、女性は家庭の中の仕事をするととらえられていましたが、このような社会の見直しに向けた法律が1999年に施行されました。何という法律か答えなさい。

問3　思春期の自分と幼児のちがいを説明しなさい。

問4　消費期限と賞味期限のちがいを説明しなさい。

【解答例】 **問1**　買い物、調理、掃除、洗濯、子育て、介護など　**問2**　男女共同参画社会基本法　**問3**　心拍数が少ない、視野が狭い、体に比べて頭が大きい、呼吸機能・消化吸収機能・体温調節、運動機能、脳、神経などが幼児のほうが未発達　**問4**　**消費期限**：安全が保障されている期限。**賞味期限**：おいしさが保障されている期限

第6章 定期テスト必勝法

この章では、私が提唱している効率的で効果的な勉強法を紹介するよ。難関校に合格した先輩《せんぱい》たちの勉強法も紹《しょう》介《かい》するから、できることからまねしてみよう！

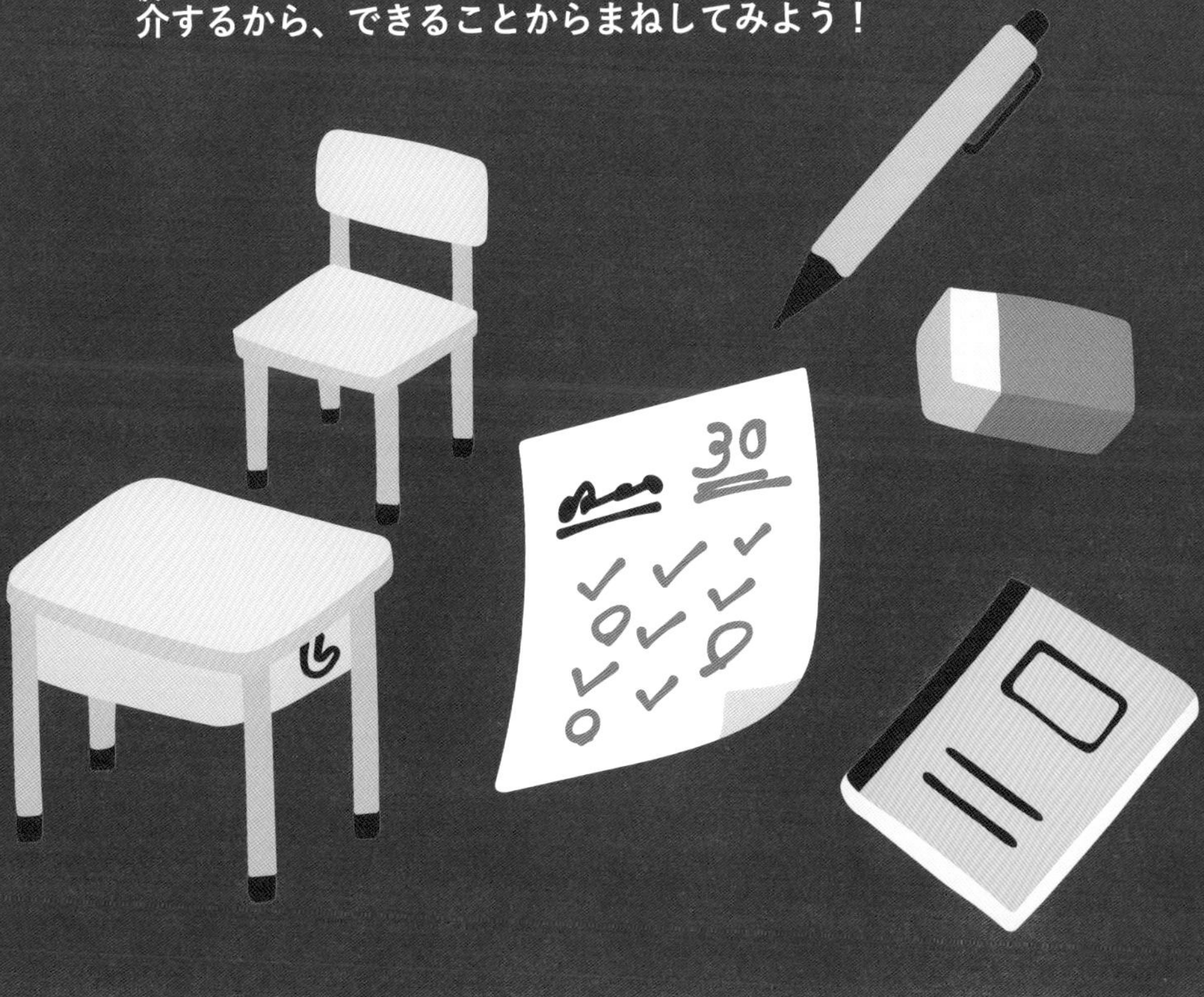

58

ノートは3分割して使おう

1日10分で復習が完了する魔法《まほう》の法則

授業で習ったことを記憶《きおく》に定着させるためには、その日のうちの復習がとても重要だ。部活で忙《いそが》しくてとてもそんな時間がないというキミも、私がおススメするノートを活用した復習法をぜひ実践《じっせん》してほしい。1教科10分で復習が完了《かんりょう》するという優れものだ。

まず、ノートのAにその日の授業のタイトルをかき、Bには日付をかく。そして重要なのが、残りスペースを、C、D、Eのように3分割することだ。

Cには、その日の授業の板書をかき写す。重要なポイントさえ押《お》さえていれば、定規を使ってきれいにかく必要はない。そこに時間をかけるくらいなら、先生の話を集中して聞いたほうがいい（私の経験則だが、ノートを定規できれいにかく子に成績の良い子はいない）。

だいじなのはDの追記スペースだ。ここには、黒板にはかかれなかった先生の余談、自分のひらめき、感想、気づき、疑問、参照資料などをかく。ここをしっかりかいておくと、家に帰ってノートを開いたときに、その日の授業がありありと頭によみがえってくる。記憶が強化されるのだ。

そしてEのスペース。ここにはまとめとして、その日の重要なポイントをかく。クイズ形式にすると良い。これが家に帰ってからやる復習になる。

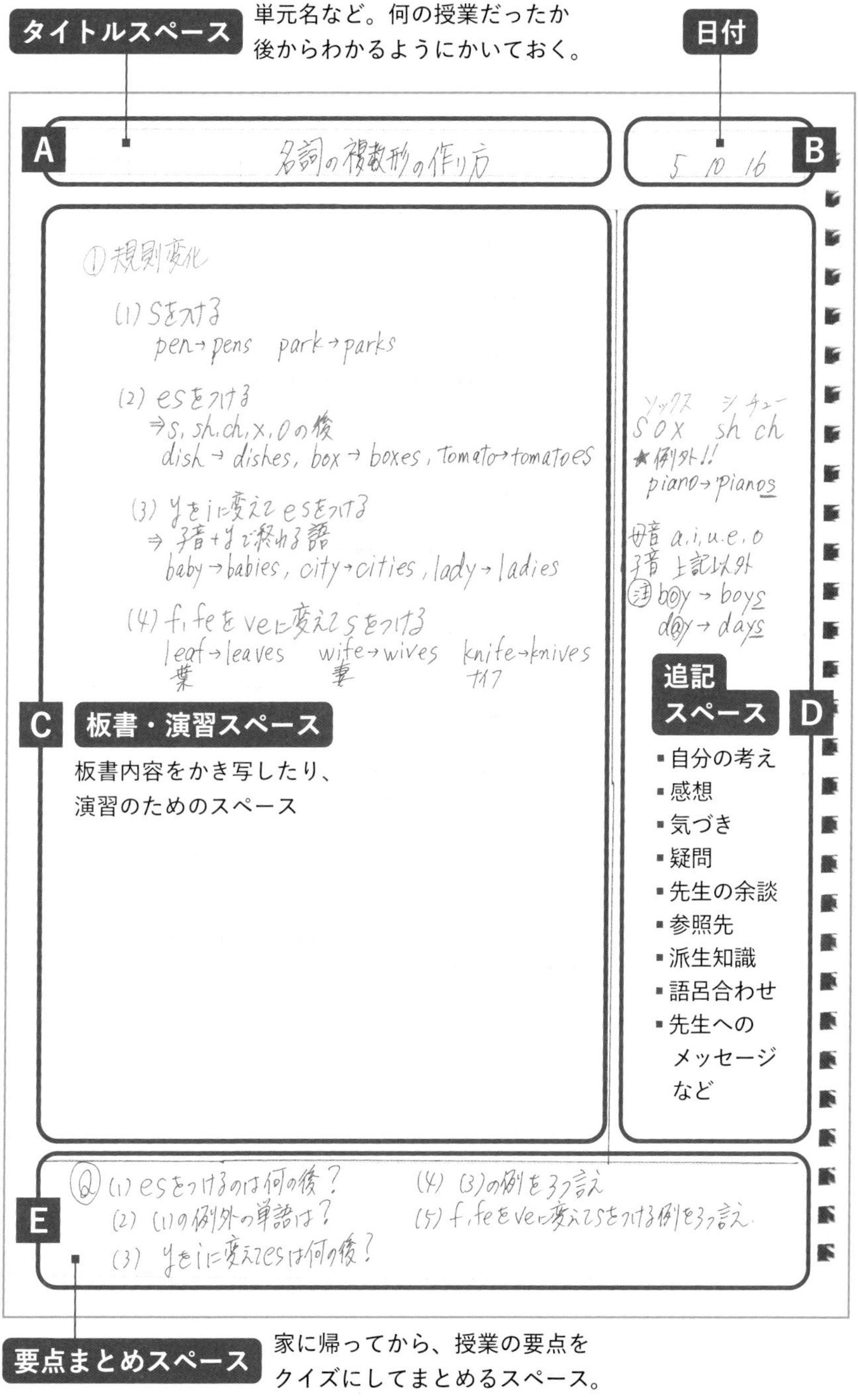
タイトルスペース
単元名など。何の授業だったか
後からわかるようにかいておく。
日付
A
名詞の複数形の作り方
B
5 10 16
①規則変化
(1) sをつける
pen→pens park→parks
(2) esをつける
⇒s, sh, ch, x, oの後
dish→dishes, box→boxes, tomato→tomatoes
(3) yをiに変えてesをつける
⇒子音+yで終わる語
baby→babies, city→cities, lady→ladies
(4) f, feをveに変えてsをつける
leaf→leaves wife→wives knife→knives
葉 妻 ナイフ
ソックス シチュー
sox sh ch
★例外!!
piano→pianos
母音 a.i.u.e.o
子音 上記以外
注 boy→boys
day→days
C
板書・演習スペース
板書内容をかき写したり、
演習のためのスペース
追記スペース
D
■自分の考え
■感想
■気づき
■疑問
■先生の余談
■参照先
■派生知識
■語呂合わせ
■先生へのメッセージなど
E
Q (1) esをつけるのは何の後?
(2) (1)の例外の単語は?
(3) yをiに変えてesは何の後?
(4) (3)の例を3つ言え
(5) f, feをveに変えてsをつける例を3つ言え
要点まとめスペース
家に帰ってから、授業の要点を
クイズにしてまとめるスペース。

教科書にノートをつぎ足して要点をまとめているんだね！

これが先輩《せんぱい》の勉強法だ！

教科書を徹底《てってい》利用した先輩の例だ。重要箇所にマーカーを引いたり、ポイントをかき込《こ》んだりしている。教科書にかききれないことは、自分でノートをつぎ足して、この1冊を見れば全てがわかるようになっている。

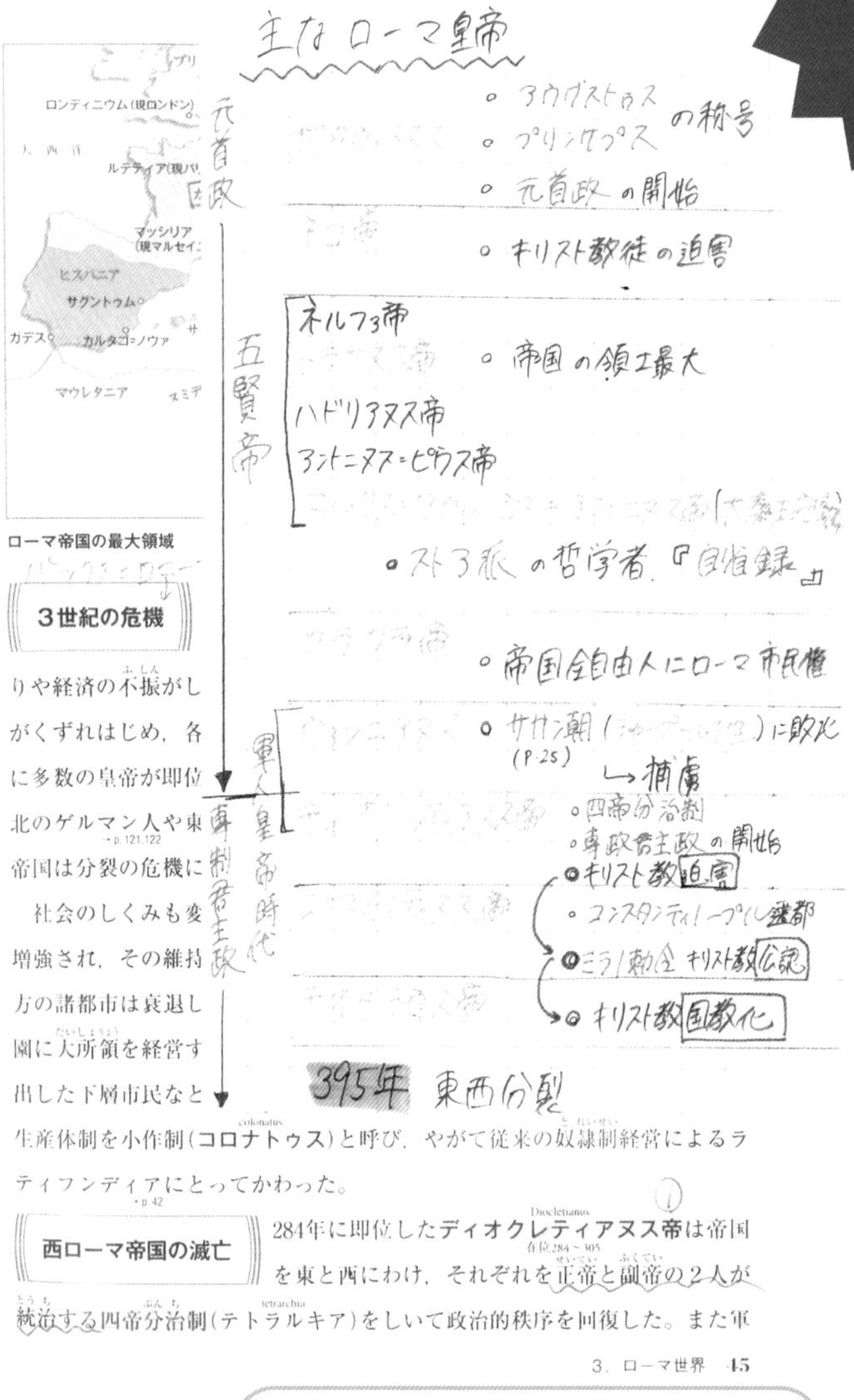

テスト前には教科書を10周くらい読み返しました。そのうち重要なポイントは教科書のこのあたりにかかれていた、と視覚情報としても記憶に残るようになりました。

★繰り返しは暗記の正攻法！
★マーカーを使って視覚的に覚えよう！
★自分でかいてまとめることも暗記にはだいじ

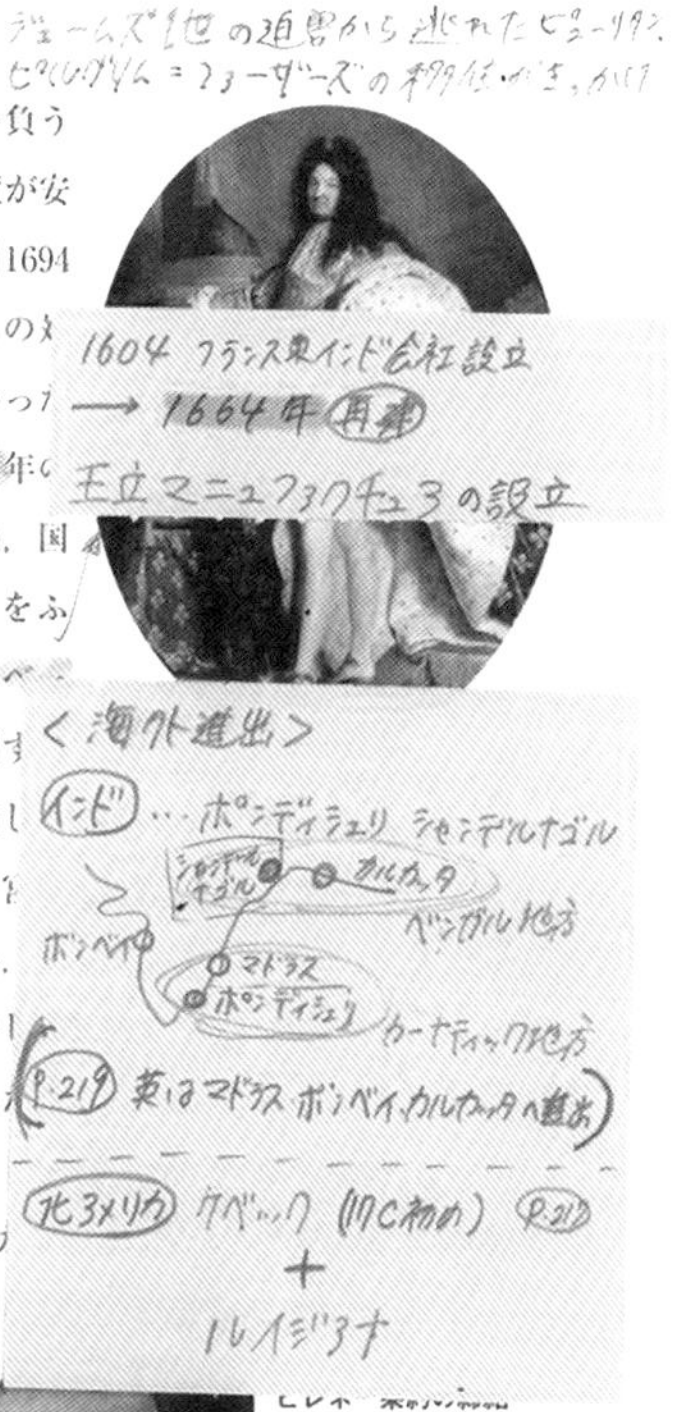

内閣は国王にではなく議会に対して責任を負う
という**責任内閣制**も形成された。政治制度が安
定するとともに，イングランド銀行の創設《そうせつ》(1694
年）後には国債《こくさい》制度も整備され，イギリスの
外戦争を遂行《すいこう》する能力は急速に高まっていっ

ルイ14世の時代

フランスでは，1661年
宰相《さいしょう》マザラン→p.220の死後，国
王**ルイ14世**《Louis XIV》（在位1643～1715）が親政《しんせい》を開始し，強大な権力をふ
るって「**太陽王**」と呼ばれた❶。彼はコルベー
ル→p.224を財務総監《ざいむそうかん》に任じて重商《じゅうしょう》主義政策を展開す
一方，大規模な宮殿を**ヴェルサイユ**→p.238に建造し
その宮廷《きゅうてい》には貴族や芸術家が集められた。
化され，それが国王の権威を高めた。また，
関わる諸問題に積極的に取り組んだ。しかし
団体がいぜんとして大きな勢力をもってい
すすみ方はゆるやかであった。

ルイは軍隊を増強し，侵略戦争❷をたび
してこれに抵抗した。ルイはピレネー条約

フランス王ルイ14世（中央左）とスペイン王フェリペ4世（中央）は，フェリペの娘マリ＝テレーズ（白いドレスの女性）がルイの后となることを決めた。

❶　王権神授説《しんじゅせつ》を主張するボシュエ（1627～1704）を重用《ちょうよう》したルイ14世は「朕《ちん》は国家なり」といったとされるが，これは国王と国家の利害を同一視する彼の国家観をよく示している。他方，イギリスでは，その立憲議会政治の特徴を説明する「王は君臨《くんりん》すれども統治《とうち》せず」という表現が使われるようになっていった。

❷　南ネーデルラント継承《けいしょう》戦争（1667～68年），オランダ戦争（1672～78年），ファルツ戦争（アウクスブルク同盟戦争，1688～97年）などをおこなった。

1．重商主義と啓蒙専制主義　227

だいじなことをぜんぶかき込んで、
これ１冊を見ればテスト勉強が
完了するようになっている。

第6章【定期テスト必勝法】

59 まとめはクイズで記憶に定着させよう！

クイズならテスト勉強も楽しくできる

P.109の（E）要点まとめスペースでは、クイズをつくってまとめとすることをおすすめする。いわば自分が先生になったつもりで、試験問題をつくるわけだ。この日に習ったことの中から出題するとしたら、どんな問題を出せば理解力を測ることができるだろう、と先生の気持ちになって考えてみよう。

これは、**一教科あたり一日たった10分で終わる復習法だ。**これを毎日コツコツしておきさえすれば、試験前にあわてることはなくなる。このクイズに答えるだけで試験範囲の全ポイントを網羅できるのだから。しかも答えはノートの上（C・Dの欄）にかいてあるのだから非常に効率的なのだ。

先輩たちのノート例

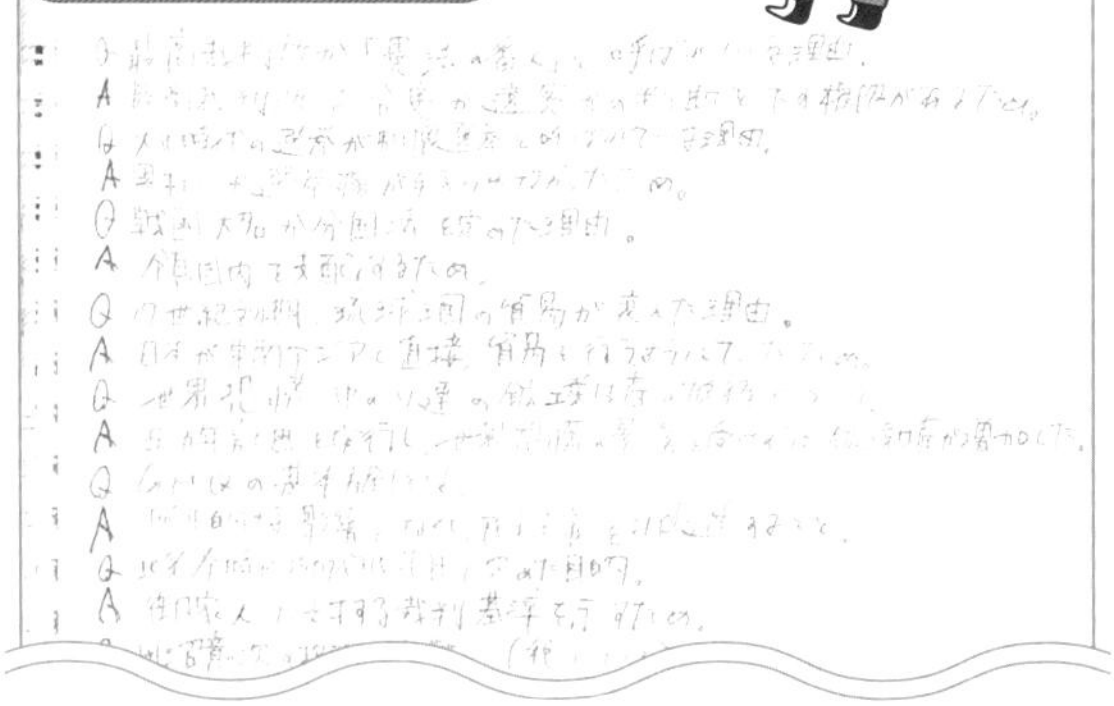

ノート３分割法の例としてもとても参考になるね。下の欄にまとめとして自作の問題をかいている。

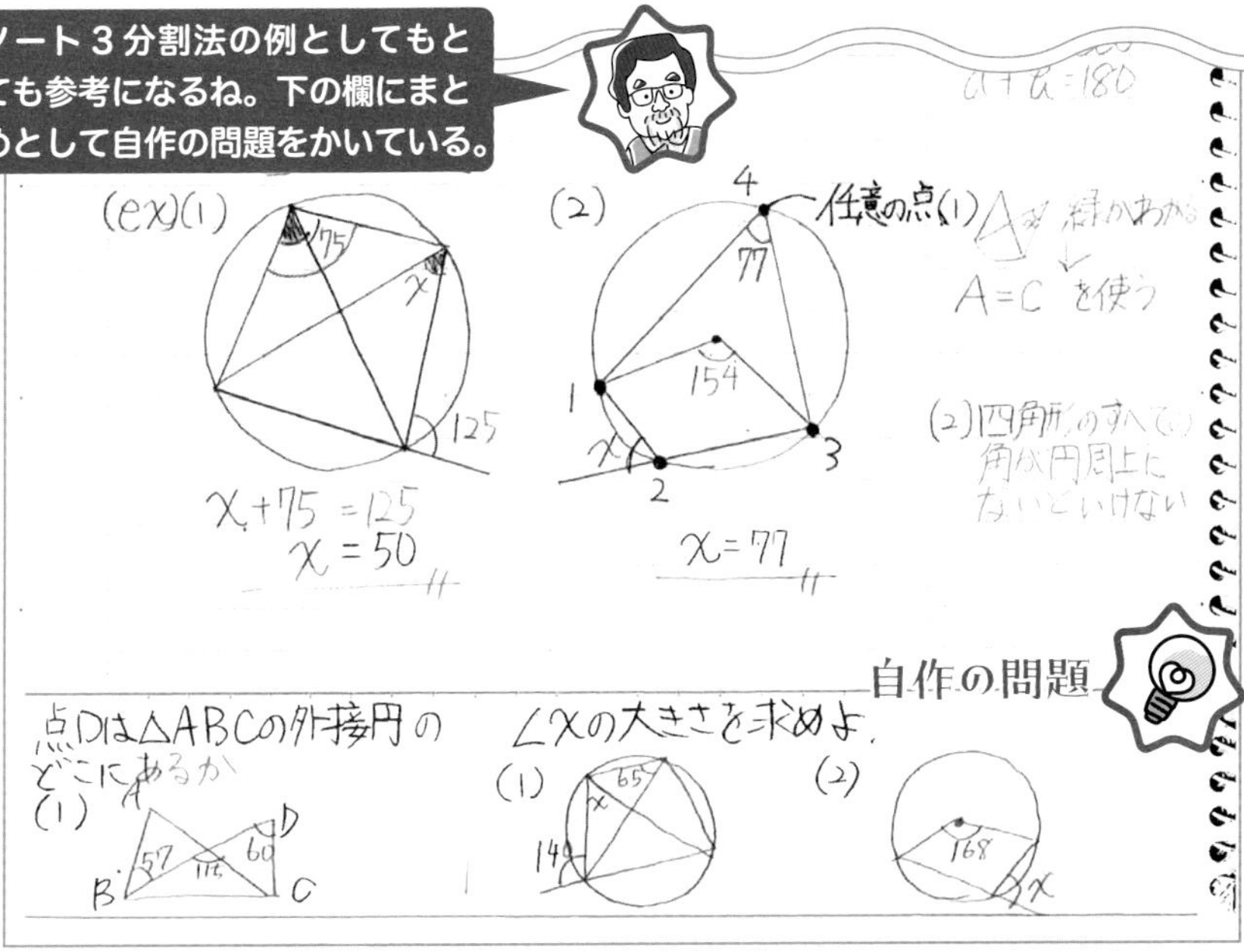

社会のノート。考察として自分の感想をまとめた上で、さらに問題も作っている。このノートはＡの評価をもらっているね。参考にしよう！

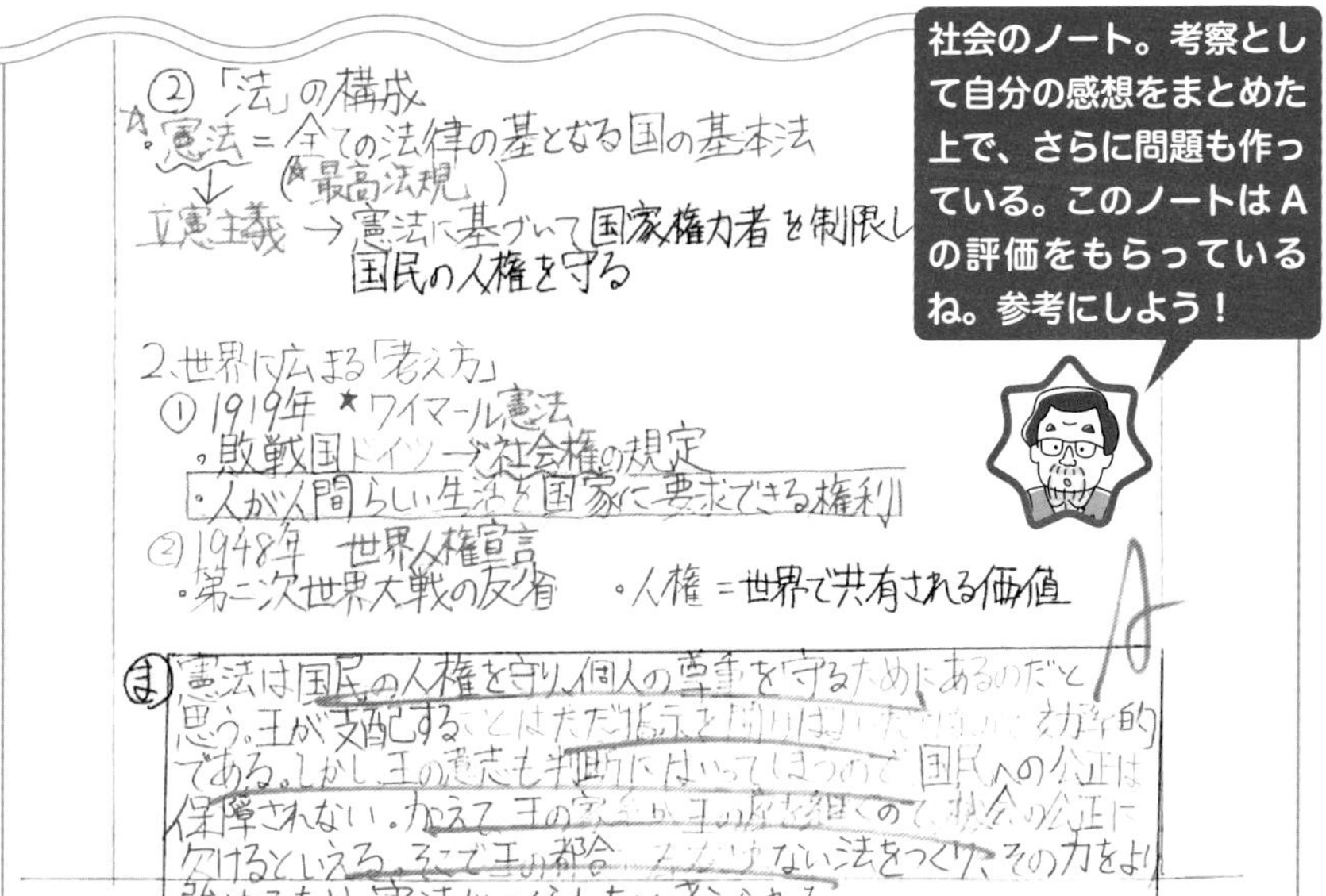

60 まちがい記録をつくってミスの傾向《けいこう》を知れ

解き直しは点数を上げる確実で最短の方法

テストや演習問題で、まちがった問題をそのままにしている人はいないだろうか。内申点をアップした先輩《せんぱい》は、例外なくまちがった問題を解き直している。**次々と新しい問題に手を出すよりも、まちがった問題を解き直すことが成績アップの一番の近道な**のだ。

特に数学の場合だが、まちがった問題を消しゴムで消さないこともポイント。消すとどこでまちがったかわからなくなるからだ。青ペンなどで大きく×をつけて、別のスペースに最初から解き直そう。まちがった問題専用の「まちがいノート」をつくってもいい。まちがいだけを抜きがきすることで、自分のまちがいの傾向もわかってくる。余白や付せんに、「○○の公式を使え！」「約分忘れに注意！」「単位のかき忘れに注意」など、注意点をメモしておくと、次は絶対まちがわないぞ、と脳に刻《きざ》み付けることができる。

復習をするときは、まちがった問題だけを見直せばいいのでテスト勉強もぐっと効率化できる。

また、自分でまちがえた問題を解き直し、ノートにその記録をつけていくことは、「主体的に学習にとりくむ態度」として評価されるはずだ。

■解き直しノートの例

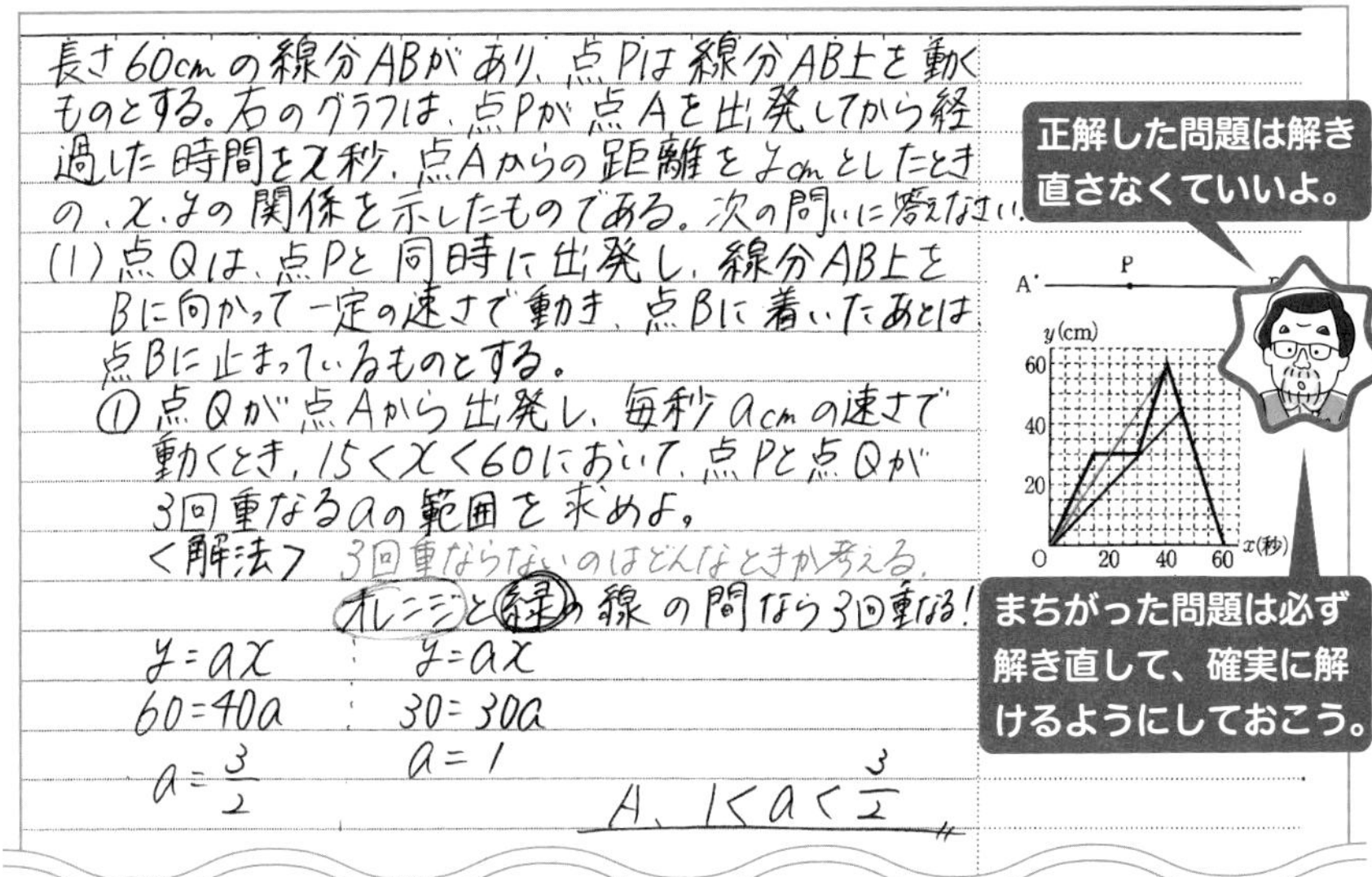
長さ60cmの線分ABがあり、点Pは線分AB上を動くものとする。右のグラフは、点Pが点Aを出発してから経過した時間をx秒、点Aからの距離をycmとしたときの、x、yの関係を示したものである。次の問いに答えなさい。
(1) 点Qは、点Pと同時に出発し、線分AB上をBに向かって一定の速さで動き、点Bに着いたあとは点Bに止まっているものとする。
① 点Qが点Aから出発し、毎秒acmの速さで動くとき、$15<x<60$において、点Pと点Qが3回重なるaの範囲を求めよ。
<解法> 3回重ならないのはどんなときか考える。
オレンジと緑の線の間なら3回重なる!

$y=ax$ ： $y=ax$
$60=40a$ ： $30=30a$
$a=\frac{3}{2}$ ： $a=1$

A、$1<a<\frac{3}{2}$

■何でまちがったかを付せんにかいてノートに貼っている先輩の例

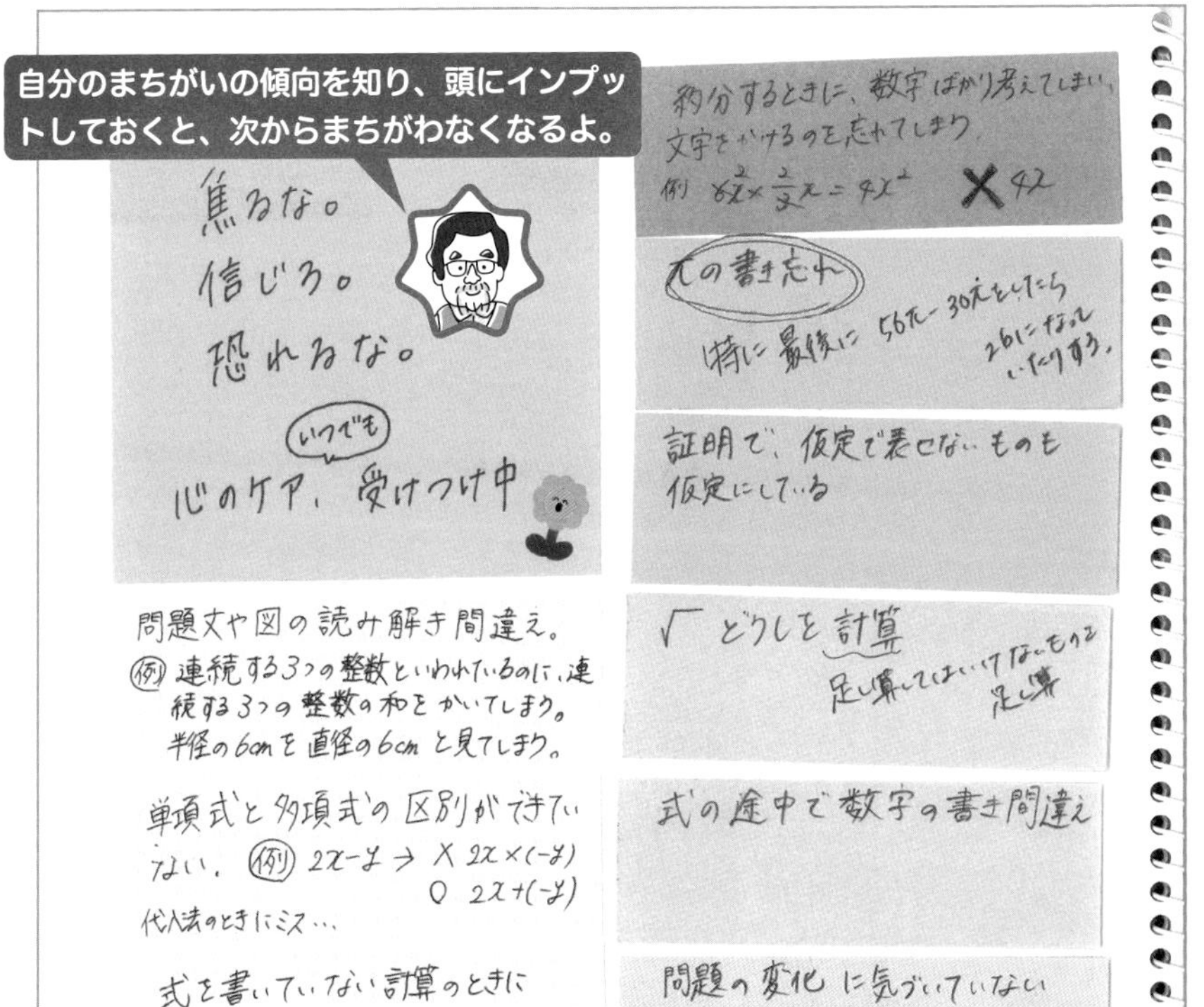

61 スピードアップはまず、意識することから

漫然《まんぜん》と繰《く》り返すだけでは時間の無駄

主に数学で多いのが、時間をかければ解けるけど、時間が足りなくてテストでいい点数がとれないという悩《なや》み。それは非常にもったいないことだね。正確に解くことはだいじだが、時間内にできなければ得点にはつながらない。練習を何度もすればスピードは上がっていくけれど、もっと効率的にスピードアップするためには、「時間を意識する」ことだ。

やり方は簡単。**ストップウオッチを用意して、問題を解く時間を測るのだ。**たとえば計算問題10問を解くのに何分かかるか時間を測り、毎日どのくらい短縮していくか記録していこう。漫然と繰り返し勉強するよりも格段にスピードアップしていくはずだ。

Point

- 問題を解くときは時間を測る
- 毎日、同じ分量の問題を解き、時間を測る
- 漫然と解くよりも時間を意識したほうが効果的

62

暗記は脳のしくみを利用する

インプットとアウトプット両刀使いで

効率的な学習法の基本は、「インプットとアウトプットを交互《こうご》に繰り返す」ことだ。インプットとは、授業を聞いたり教科書を読んで頭に知識を入れ込むこと。アウトプットとは、頭に入れた知識を実際に活用すること。英語なら実際に声に出して英文を読む、数学なら習った公式を使って演習問題を解くなど。理科なら学んだ手順通りに実験をする、社会なら歴史の流れを言葉で説明するなどだ。**せっかく覚えても、インプットだけではなかなか脳に定着しない。実際に活用する＝アウトプットをしてはじめて脳に定着するのだ。**

ところで、脳の奥《おく》には海馬と呼ばれる部分がある。海馬はキミが寝《ね》ている間に、その日インプットした情報をだいじな情報とそうではない情報に仕分けし、だいじな情報は長期記憶として脳に保存する。だから、暗記ものの勉強は夜寝る前にするほうが効果的だと言われている。海馬は、何度も繰り返しインプットされた情報は、だいじな記憶《きおく》だと判断して保存する。みんな、英単語や歴史の年号など暗記ものは反復学習していると思うけど、それは脳の働きからも理にかなっているのだ。さらに、覚えたいことは目で見るだけでなく、かいたり声に出したりすることで脳のさまざまな部分が刺激《しげき》されて、より記憶に残りやすくなることもわかっているんだ。

先《せん》輩《ぱい》たちの㊙勉強法

必殺暗記法

1日10個、完璧《かんぺき》に単語を覚えて、1週間で70個の単語を覚えるより、1日70個の単語を1週間毎日覚えたほうが、記憶《きおく》が定着するのでおススメ。後者のほうが、同じ単語を何度も繰り返し見るから記憶に残ります。（くるみ）

定期テスト勉強法

社会は教科書を何回も読んで時代の流れを頭に入れてからワークにとりくむといい。いきなりワークをやっても、答えられなくて空欄《くうらん》ばかりになるので時間の無駄《むだ》だと思う。（ひなな）

国語は、教科書から出題されることが多いので、情景が思い浮《う》かぶくらい何度も教科書を音読した。（ここは）

理社はいろいろな問題集に手を出さず、ワークを徹底的にやる。テスト前には3周くらいやってから、できなかった問題だけノートにまとめて見直した。（ここは）

英語は好きな音楽のメロディーにのせて英文を暗記した。（のぞみ）

暗記系の勉強は寝る前、演習系は学校から帰ってから昼間にやっていた。（のぞみ）

英文を暗唱しながら徒歩通学した。スピーチ大会の原稿《げんこう》もこれで覚えた。周囲には変な人に見えたかも！（くるみ）

自分のミスの傾向をノートにかくようにしていた。（くるみ）

ワークを徹《てっ》底《てい》的《てき》にやった。まちがえた問題には★印をつけて解き直した。２回まちがったものはさらに○で囲って確実に解けるようにしていった。（のぞみ）

社会は苦手だったので、自分で年代順にできごとをかいて全体の流れをつかむようにした。（ここは）

理社は何度もノートにかいてまとめるという作業をして、記述力をみがくようにした。記述練習を兼《か》ねて、ノートにたくさんまとめクイズをつくっていた。（そうし）

内申書に関する素《そ》朴《ぼく》な疑問

【ここからは、内申書に関するよくあるお悩みにお答えします！】

Q 先生と相性が悪いとやっぱり内申点に影《えい》響《きょう》するのですか？

A 内申は先生の主観では決まらないし、先生はキミが思うほど相性を気にしていない

内申点は、各地域や学校で定められた、評価基準に沿って客観的に評価されることになっています。また、担任の先生1人がかくのではなく、複数の先生が協議した上でかかれるので、担任の先生の主観だけで決まることはありません。

特に、新学習指導要領ができ、観点別評価から「関心・意欲・態度」

がなくなったことで、よりそれが顕著《けんちょ》になりました。以前は、積極的に手を挙げる生徒は「関心・意欲がある」と評価されることがありましたが、評価の基準があいまいで、先生の主観で評価されるのではないかという批判もあったのです。しかし、今はこの観点がなくなり、ノートや課題、グループワークへの積極的な参加など、具体的な成果で評価されるようになりました。見せかけのやる気だけでは通用しなくなったのです。

先生との相性という点では、生徒が気にするほど先生は気にしていません。先生にとって生徒はみな平等な存在です。むしろ、生徒のほうが、「この先生が嫌《きら》いだから、この教科も嫌い」と思っていることが多いように感じます。しかし、そのせいでその教科の成績が下がるとしたら、それは大変もったいないことです。

もし、その先生が嫌いなら、敢《あ》えてその教科の係を買って出てみるのも手です。先生との接点が増え、話す機会が増えると、お互《たが》いの理解が深まり、「前は嫌いだったけど、案外悪い先生でもないんだな」と思えるかもしれません。

Q 内申書を気にしすぎると子どもの性格に悪影《えい》響《きょう》があるのでは？

A 悪影響よりむしろ未来の力が身につくはず

私の塾《じゅく》の生徒たちに、「内申点って気にしてた？」と聞くと、ほぼ全員が「気にしていた」と答え、ほとんど例外なく「先生に積極的に質問をした」とか「係を率先して引き受けた」「課題の量を人の倍はこなした」「わからない友達に教えてあげた」など、〝内申点を上げるために〟行動をしていました。かといって、その子たちの性格が悪いかというと、そんなことは全くありません。

しかも、彼《かれ》らがした行動というのは、動機は内申点を上げるためであったかもしれませんが、結果的に、彼ら自身の学びに役立ったり、公共心や協調性といった、これから社会で生きていく上でも必要な態度を育んでいたのではと思います。

Q 観点別評価ってよくわかりません。結局何をどうがんばったらいいのでしょう？

A 本書を読んで、できることから1つでも2つでも実行しましょう

「知識・技能」はともかく「思考・判断・表現」ってどうやって評価するの？　「主体的に学習にとりくむ態度」ってどうやって示せばいいの？　と悩《なや》むキミの気持ち、よくわかります。だからこそ私は、この本をかかなければならない！と強く思ったのです。この本には、内申点という謎《なぞ》につつまれた評価をどうすれば上げられるのか、できるだけ具体的にかいたつもりです。

本書を一通り読んでください。できれば3回は読みましょう。そして、これならできそうと思うことがあれば、1つでも2つでも実行してみてください。そうすれば、キミの悩みは解決するはずです。

Q 自己アピールの苦手な子は不利なのでしょうか。

A アピールの方法はいろいろある

手を挙げて人前で発表をするのが苦手な子は、ノートを活用しましょう。「手を挙げなかったけど、本当はこう言いたかった」とか、「今悩んでいます」など、ノートは先生とのコミュニケーションツールになります。また、授業終わりに先生に質問に行くなどもいいでしょう。先輩《せんぱい》たちの中には、体育係や数学係など、係を買って出て、先生と仲良くなったり、授業以外の場で自分をアピールする人も多かったので、参考にしてみてはどうでしょう。

それと、課題を締《し》め切りまでに提出したり、ノートをきちんととるなど、当たり前のことをきちんとやっている子は、案外先生も見ているものです。「自己アピールして目立たなければ」と必要以上に気にすることはないと思いますよ。

Q うちの子は、ＬＤ（学習障害）です。少しでも内申点を上げるために何をすればいいでしょうか。

A ツールを活用すればあきらめなくても良い時代

学校現場にＩＣＴが入ってきたことで、学習障害だけでなく、不登校、外国人など、さまざまな困難を抱《かか》える子どもたちの可能性が広がりました。たとえば文字をかくことが苦手な子、漢字が苦手な子も、キーボードを使って簡単に文章がつくれるようになりました。日本語が苦手な外国人の子も、翻訳《ほんやく》アプリや漢字にルビをつけるアプリを使えば日本語を理解することができます。言葉によるコミュニケーションが苦手でも、アプリを使って感情を表したり、学校に行かなくてもオンラインで交流できる環境《かんきょう》は整っています。絵画や音楽も、デジタルツールを使って簡単に表現ができるようになりました。さまざまなツールを使って、やれることを見つけ、先生にも協力や助言を求めてみてください。

あとがき

高校入試において内申書の比重は全国的に高く、公立・私立・国立のどの高校を志望する場合もけっして軽視できないものになっています。

多くの保護者の皆《みな》さんの時代の通知表は、相対評価で評定がつけられ、5が7％、4が24％、3が38％、2が24％、1が7％と定められていました。また、定期テストの点数が評定に非常に大きく影響《えいきょう》したため、保護者の皆さんの中にはテスト一週間前から本腰を入れて勉強し、直前は徹夜《てつや》同然で本番に臨んだ方もいるのではないでしょうか。

昔と今とでは国の求める人物像が異なっています。文部科学省はおよそ10年に一度指導要領を変更《へんこう》しますが、諸外国に追いつけ追い越《こ》せだった時代は皆と同じことを効率的にこなすことが大切でした。昭和40年代の改訂《かいてい》では「教育内容の一層の向上（教育内容の現代化）」を国は目指していました。しかし、最近は「生きる力の育成」が主軸《しゅじく》となった改訂となっています。「これからの社会が、どんなに変化して予測困難になっても、自ら課題を見つけ、自ら学び、自ら考え、判断して行動し、それぞれに思い描《えが》く幸せを実現してほしい」。今の日本は幸せに生きるための教育をしている、そしてその観点で子ども達を評価しているのです。

人（教師）が評価するので多少のエラーは付きものでしょう。学校間や地域の格差があることも否めません。しかし、内申書に2や1がある子は「キミは幸せな人生を送ることができないよ」と警告されていると考えることもできます。3も全体の約半分につくわけですから、4に上がったほうがいいに決まっています。高校入試のためだけではなく、幸せな人生を送っていくために。

塾《じゅく》で教えていると内申書の重要性を知らない、どう入試に影響するか知らない、さらには知ってはいてもアップさせる方法がわからない子の多さに驚《おどろ》きます。そして親は「宿題はやったの？」「勉強しなさい！」とついつい言ってしまい家庭内の雰囲気《ふんいき》は悪くなるばかり…。

良い成績をとる子は常に上位に位置します。それはノウハウが身についているからです。そしてほめられる、認められる機会は多くなり、自己肯定《こうてい》感が増します。するとさらに上昇《じょうしょう》志向は強くなり…まさに好循環です。

まちがった方法でただやみくもに机に向かっていても成績は上がりません。本書では内申点をとるためのノウハウを惜《お》しげもなく盛り込《こ》みました。勝ち組がしていることをぜひまねてみましょう。一度やり方がわかると必ず成果が表れます。成績がアップする喜びを知ったあとは、改善し工夫を加え自分なりの勉強方法を確立していきましょう。本書を手に取った親子の未来が明るくなれば、これ以上の幸せはありません。

小澤　淳

【監修】小澤　淳（おざわ あつし）

塾講師一筋40年以上の大ベテラン。元文部科学大臣・下村博文氏の経営していた塾で8年、関東に拡がる大手塾・早稲田アカデミーで15年勤務した後、理想の教育を求めて独立。東京での塾経営、福島県いわき市での授業などを経て現在は静岡県富士市にOasis（オアシス）という塾を開き、地域に根差した教育を実践している。「わかるとできるは別のこと。できるようになるには方法がある！」というこだわりからノート・手帳に関する独自の理論を確立し、ＮＨＫニューベンゼミ出演や新聞・雑誌で何度も取り上げられるなど、各方面からの評価を受けている。また全国各所に招かれての講演も好評で親子にノウハウを伝えている。

2022年に肺がんの診断を受け7月に左肺を全摘出。2023年に転移再発があり治療を続けながら、塾運営や講演・執筆活動を精力的に行っている。

◆熱血塾講師 小澤淳のブログ　https://ameblo.jp/ozawa-atsushi/

【執筆協力】

加藤学園暁秀中学校・高等学校教頭　渡邉喜徳（わたなべ よしのり）

1970年、静岡県富士市生まれ。静岡県駿東郡清水町在住。富士高等学校、山梨大学教育学部、静岡大学教育学部大学院修了後、学校法人加藤学園暁秀中学校・高等学校に勤務。数学科。かつては中高の担任、サッカー部副顧問を務める。渉外・広報部担当で、校内外イベント運営と入試業務に携わる。現在は中学校・高等学校教頭。

※そのほか、各教科の先生方にもご協力いただきました。

【取材協力】衆議院議員、元文部科学大臣　下村 博文（しもむら はくぶん）

【ノート提供協力・ヒアリング協力】

静岡県富士市Oasisの卒塾生、生徒たち（くるみ・雛々・希実・奏志・心花・優花・夢羽・心春・咲羽)、加藤学園暁秀中学校の生徒たち

■編集・制作：有限会社イー・プランニング

■編集協力：石井栄子　■イラスト：梅田麻美　■デザイン DTP：大野佳恵

高校受験で成功する！
「内申アップ」最強バイブル
観点別評価＆評定を上げるポイント62

2024年3月5日　第１版・第１刷発行

監　　修　小澤　淳（おざわ あつし）
発 行 者　株式会社メイツユニバーサルコンテンツ
　　　　　代表者　大羽 孝志
　　　　　〒102-0093　東京都千代田区平河町一丁目1-8
印　　刷　厚徳社印刷会社

◎『メイツ出版』は当社の商標です。

©イー・プランニング, 2024. ISBN978-4-7804-2872-8 C6037 Printed in Japan.

ご意見・ご感想はホームページから承っております
ウェブサイト　https://www.mates-publishing.co.jp/

企画担当：折居かおる